U0142066

吳復生著

文學叢刊

鋤惡草堂詩歌聯語自選集

文史哲出版社印行

國家圖書館出版品預行編目資料

鋤惡草堂詩歌聯語自選集 / 吳復生著. -- 初版. --
臺北市: 文史哲,民 90
面; 公分. -- (文學叢刊 ; 117)
ISBN 957-549-350-8 (平裝)

848.6 90003120

文學叢刊 ⑪⑦

鋤惡草堂詩歌聯語自選集

著　者：吳　復　生
法律顧問：碩思法律事務所裘佩恩律師
出版者：文　史　哲　出　版　社
登記證字號：行政院新聞局版臺業字五三三七號
發行人：彭　正　雄
發行所：文　史　哲　出　版　社
印刷者：文　史　哲　出　版　社
臺北市羅斯福路一段七十二巷四號
郵政劃撥帳號：一六一八〇一七五
電話 886-2-23511028・傳真 886-2-23965656

實價新臺幣 二八〇元

中華民國九十年三月初版

版權所有・翻印必究

ISBN 957-549-350-8

趙序

余少讀于福州諸古嶺北城學校與硯友吳紹樑君同好乒乓球藝課餘每相角于操場北隅抗衡不下紹樑偶燙傷左手仍以右手執拍驍勇異常然每乘間自吹其手以解痛邊吹邊戰不稍懈六十五年來憶之猶昨日事卒業未久適抗日軍興倉卒分襟奔走呼號于救國流亡之途遂失音問又八年抗戰勝利忽得紹樑自湘來函寄其戎裝乘馬照幀改名復生字危安知其為國殺敵乃出生入死中之倖存者與余所歷危難幾相若雖未共事而同氣相求情益深未幾又失聯絡歷五一載乃得知在臺灣任某醫學院教授由魚雁往來歡同疇昔余與復生同庚復生後余五個月今皆飽歷滄桑行年望八之老人矣晚年又同好詩詞書法隔海切磋不輟每函必附詩乃得讀其生平所作過半余亦稍寄拙稿相與詰難若少時球檯對壘然然復生詩學深邃余已遠非其敵手矣復生初函有弱冠習兵之語乃自謙謂如今羞見當年友唯恐人前問立功為中華民族救亡圖存抵禦外侮不以戰績自矜真男兒本色也今則在三餐半飽無癥結一榻孤眠早看天之優游生活中以兩蹊桃李勝封侯為平

生得意無逾此之老學者矣復生論詩曰詩如嚴陣精兵堅不可破銳不可當所作務古體而見新意不落俗套時有警策出人意表論史每多感慨酬答必見真情余絕愛其詠物詩嘗舉萬馬行論其詞語矯健豪縱首寫萬馬奔騰之狀至為快意中忽一折萬馬齊瘖乃以王良造父俱難再伯樂方臯焉用求作結含蘊甚深耐人尋味自古之詠馬詩篇罕有其匹而初見白烏鴉述異兩作設想尤奇打破天下烏鴉一般黑之陳腐觀念使烏鴉竟芙蓉出水羊脂白而嗜腥之貓兒乃復觀魚獨不伸其爪前者所期人間將似楚江秋不著半分塵與墨後者以警世人之巧取豪奪貪以死皆有所寄託寓其仁民愛物之忱非泛泛也其悲狙殘燭載杖諸篇一本斯旨嗚呼復生誠有心人也茲者復生之詩聯將結集行世隔海故人聞此盛舉曷勝雀躍乃辱以序相委余不知當作何言僅述相契之顛末而已

一九九四年十二月佛子明璧

趙玉林拜書于福州之道山廬

鋤惡草堂詩歌聯語自選集目次

三、薪火系列

四、遊散系列……四一

五、癸酉系列

六、甲戌系列……五九

七、乙亥系列……七三

八、丙子系列……七九

九、丁丑系列……八五

十、戊寅系列

十二、庚辰系列……一二五

乙.聯語之部

三、哀輓聯……一五一

四·墓園用聯

五．題贈聯

甲·詩歌之部

一、四言系列

㈠今人之情四章

1\.

莫不飲水
施之望報
鮮思其源
受者辜恩

莫不為源
不美若是
鮮忘其惇
徒佩蘭蓀

2\.

莫不然諾
唯利唯己
鮮守其言
將何與存

多為不義
不美若是
心莫或捫
皆出釁門

3\. 莫不為士　鮮念黎元　見貨與色　動心如猿
或僭或竊　欲位之尊　不美若是　皆乘高軒

4\. 莫不為婦　鮮知為坤　不親針黹　不治饔飧
子廢教養　夫非乾元　舅姑不事　親故莫存
或尚開放　尤壞風惇　不美若是　云乎女權

㈡浮生一得

1\. 人重生男　我並重女　男作干城　女以教子

2\. 相夫以貞　教子以身　夫賢子慤　俗以蔚成

3.
地欲耐物　婦欲耐家　物因地發　家以婦葩

4.
人面如鏡　持以省思　人情如紙　厚以化之

5.
抱雄守雌　人翕物舒　棄「抱」持「守」　無患無虞

6.
讀書知要　得之於廣　臨事以莊　得之於反

7.
事宜知止　語寡語遲　哀勿過毀　樂欲思危

8.
規矩繩墨　舉止之師　無倫無理　禽獸幾希

二、夕陽系列

1. 夕陽

夕陽山外丹　真切作旁觀　丘壑閒雲漫　樓台燭影單
秋風清古道　瘦馬載征鞍　倚劍龍吟客　依然西向看
所悲雲霧積　不見舊長安

2. 國寶畫展成名賦贈

在谷為蘭茝　出岫為雲綺　惛惛蟄伏虯　終非池下鯉
風雷將萬里　騰逸宜無涘　還待古今間　逢源千卷裡

3. 賀　淵公新邸落成

家先生淵明將軍青年軍長官，亦為登步島大捷之名將。退役後息影於台中郊區，新邸落成，謹以詩賀之。

將軍吾所儀　韜略媲孫武　儒雅羊叔子　森嚴賀滅虜
諸營敬若師　賊壘畏如虎　登步奮神威　舟山為砥柱

解甲隱郊坰　美俗以圭珇　仁宅奐今朝　高風耿萬古

4. 贈韓國訪客　權宗複先生

文教本無類　況復同根源　君來融水乳　聲氣滿乾坤

5. 贈韓籍友人　李建名先生

客從大韓來　文采耀瀛台　始信炎黃裔　聲華播九垓

6. 向堅（註）長金門地院賦贈

黃子吾所敬　居官有特行　直聲在法曹　晚節彌堅勁
重任雖來遲　晚成益可證　願如皎月懸　先自邊城映

註：黃向堅學長，為當年甚囂塵上之「奉命不起訴檢察官」。

7. 贈台中地院　吳樹立院長

仕宦之為矜　在能濟物情　滔滔離亂世　幾見念蒼生
獨君秉至德　作吏有廉聲　折獄迴寬抑　戢刑本慤誠
丹心照日月　意氣薄尊榮　特立能如是　何加百世旌

8. 騎牛行

同官皆乘馬　主簿獨騎牛　許是牡丹好　綠葉直贅尤
乘馬雖凜如　未若牛安徐　失蹄不折骨　無鬼瞰其居
萬卷任摩挲　新詩漫吟哦　古人可同契　今作必足多
心與牛步共悠悠　飲酒復便訪丹丘
何須貴馬賤青牛　自來牛背有千秋

9. 輓子政先生

憶公氣縱橫　飲酒以巨觥　臨敵勇如怯　成功重若輕
廟堂議大政　讜論有金聲　耿耿著忠獻　宜垂不朽名

10. 書贈　生啟

夫子之游與　不遺狷與狂　只緣為或守　其品竝芬芳
吾友嚴狷介　廉隅有義方　岸然以大節　至矣為昂藏
下位同遲任　高風矯故常

11. 輓甲午抗日烈士 胡輪先生

大勇以成仁　驚天動鬼神　美哉忠烈士　愧煞廟堂身

12. 七二年自輓

進退失宜當　頭童視茫茫　何如早蛻化　換個新皮囊
願我諸親友　念我蠢思量　姑為我歡喜　勿為我悲傷

13. 世態

冷暖以轞眾人　暄涼方見君子
何須憤憤於心　世道固當如此

14. 退休茶會有感

戎馬終辜戈戚揚　簿書徒見鬢毛蒼
空餘「弼輔功高譽①」未若「芝麻小餅」②香

註①：長官致贈紀念品之題詞。
②：主持茶會之幕僚長於會中盛稱於機要秘書任內在座某退休同仁曾以「芝麻小餅」探病之情。

15. 述異

野舍靈貓宇內少
見魚得意水中天
魚兒亦識辨容聲
偶見花時貓眼直
主人告我以其異
暮暮朝朝相詐虞

觀魚獨不伸其爪
遊目渾忘饑與飽
此客常來總不驚
卻知心意無邪傾
我嘆世人弗若彼
巧取豪奪貪以死

16. 畫餅

畫餅徒然充四壁
應門又見傳郵至

飢人未解半分饞
依舊丹青繪玉函

17. 傲骨

天生傲骨為擎天
此物不存姦佞作

廣土漫漫賴以堅
天傾地坼世唐捐

18. 胡輪烈士入祀忠烈祠詩以美之

八卦山前飛血肉　孤臣領上捨頭顱
功名何論凌煙閣　忠烈當如不夜珠

19. 七十感懷

七十春秋一瞬間　浮生夢裡逝華年
雲煙不復經心意　琴劍相將覓洞天
魏闕蒼生餘一念　九州廬墓恐無緣
唯將此願交兒輩　叮囑精忠任仔肩

20. 賊船—金婚戲作

賊船半世日如年　片刻安眠便是仙
役似春牛驅似馬　語召百禍默召愆
市矛賈盾皆無敵　地義天經盡不然
還道喧賓強奪主　誤她一萬八千天

21. 苦茶

苦茶山北擷　好水山南雪　久煮漫斟嘗　回甘香冠絕

22. 梧桐頌

南國梧桐新　枝頭靈異馮　根深資磐固　葉茂作龍昇
鵬展收河嶽　鳳鳴喚雨春　皇皇幾盡美　處處啟中興

23. 題　仲兄崇雄新著「古詞今唱」

六經佚其一　天下遂匈匈　樂府管絃息　教坊人語空
昇平捐禍亂　暴戾弇遐雍　咸望桃源去　相忘蒙昧中
今傳名世作　扢雅揚豳風　從此瓦釜寂　正聲有黃鐘

24. 述夢

暖日南柯下　依稀逢太守　衣冠一舊時　形貌若枯柳
詢以政如何　唯稱不可問　叩之以再三　長嘆話驟紊
嗟喟今非昔　更多染惡習　官雖務治平　鞭長終莫及
吏姦工詐術　吏狡弄公牘　不痛不癢間　疾苦甚於戮
吏心比虎狼　虎狼無此貪　似盜兼鉤國　似病入膏盲

菑染不旋踵　陳陳相因壅　鋤既不勝鋤　詾復無可詾
明主方圖治　南柯有此吏　恰如遮日雲　雲積無時靡
君似知我愁　君問益我羞　進退失依據　我將何去留
語罷匆匆去　若載千重憂　余心與俱失　霧鬱暮雲幽

25. 寄　向堅

序：向堅昔判金門　曾以詩贈之　近調台東再遷宜蘭　詩以寄意

君昔判邊城　許君為皎月　清光必廣移　遍照方州闕
聲聞今漸邇　我念無時歇　欲問月宮絃　何時當我撥

26. 賀　碧光宗長八秩華誕

美矣宗之枝　清奇秉異資　允文兼允武　能畫復能詩
兩者以相有　其名尤遠馳　老來眈鳳隱　眉壽且如龜

27.賀　崇雄仲兄七秩華誕暨蓬瀛吟草付梓

戎幕著(1)韜略　居官唯正誠　春風充絳帳　椽筆振天聲
百里無苛政①　千山有足音　寸陰皆不朽　況復享遐齡

明霞代(2)夕照　萬里耀長庚　有此徵餘慶　何為效俗情
不求先得月②　但願早收京　結伴還鄉日　與兄載酒行

註：①兄曾攝山西翼城縣篆，有政聲。
②余正供職台灣省議會並競選監委提名中

28.賀　履常先生八秩華誕

讀書破萬冊　負劍懷奇策　無意青雲籍　甘為名將客
市朝有遠心　惟幄潛丹珀　不必高釣台　已然古松柏
宜乎有大年　先自今宵赫

29. 己巳小暑後十八日為 仲兄崇雄八秩華誕詠「池荷」以賀之

炎炎君獨醒　華蓋覆淵明　魚鱉兼時樂　芬芳越序清
入冬深養晦　驚蟄復開萌　生生無量壽　虛靜以持盈

30. 賀 鳳朝兄六秩 華誕三首

(1)
吾友今恪士　其裔出姬周　澹泊甘岑寂　廉隅著德休
人競名與利　彼樂靜中修　為鳳鳴于野　市朝有俊游

(2)
孤懷輕舉業　太極擅拳經　晚來耽般若　間亦誦黃庭
詩酒頤清逸　高明挹遠馨　怡然心物外　山水寄流形

(3)
風華擬伯鸞　德配媲孟光　所出皆珠玉　擇鄰以義方
雙飛天更廣　益壽愛彌彰　宜有南山頌　同擎北海觴

31. 新秋

金風驅溽暑　落葉養根叢　應會生生意　半存肅殺中
盼君唯一事　早綠東籬旁　勿使悲明日　牢牢繫晚香

32. 惜別四首

(1)、勸阻

妻心似箭急　我心似弦張　箭急憂途遠　弦張毒我腸
何如棄歸計　無憂亦無傷

(2)、無柰

彼意堅如鐵　洪爐不可熔　況此爐中火　已似夕陽紅
何以遣惆悵　徘徊雨夜中

(3)、行前

行前爭掇拾　意恐遇風霜　為備長途藥　復憂一日忘
失聲頻囑附　熱淚滿衣裳

(4)、送行

人前送遠航　忍淚暗悲傷　唯願在鄉日　無忘白髮郎
歸期須謹記　早日治行裝

33.鼓舞——新春勉君柔於聯考前夕

天下從無不破關　斬將搴旗自非艱
但能運斧如匠石　心賊崤函俱等閒

34.賀　塗金兄榮遷

期君果有成　立德著堅貞　坎坷心無二　貧辛學更精
為鯤雷電起　如鶴雲霄鳴　今也扶搖去　長空萬里平

35.醒群先生大去十周年寄懷

其一

舉世狼氛下　先生鶴立中　執言衷國是　宏教啟新風
桃李欣三合　艱辛聚一身　有心甘煉獄　無悔化灰塵
大去周十歲　巨流發遠源　杏林春一片　嫌怨無間言
宜展鎖中眉　當掀泉下髯　幽明應合莫　意氣定安恬

不肖忘年友
所望謙謙魄
願啟驕人者
破國無貴賤
養此沖和氣

負公許麋麟
早為赫赫神
人倫不可泯
偕亡等富貧
履茲濟世仁

可陳唯碌碌
盡收濁世鬼
必存規與矩
錦衣得上身

未倦誨莘莘
長庇葛天民
以戢亂之因
須念製衣人

其二

庸庸直覺中
公興曠古學
嘉謨淪擾攘
者賢歸故國
公恒念死囚
凡茲為俱往
昔輕千萬人
猶思自袒右
安得學易年

衡度失其衷
我效馬前胥
聲援法春秋
筆政首膚施
我為發疑諏
晚近所難返
今阻十程遠
不識慚陽九
資余與抖擻

竟為勞形故
積重沉冤獄
完璧歸與趙
呼應為欣託
臺諫申清議
不信老將頹
在昔何昂然
幽幽泉下友

違禮廢所隆
不平謦簡書
鵲巢遠佔鳩
奇葩滿枯枝
死囚刀下留
如何此悖反
在今何偃蹇
叩我以杖否

36. 陋僧

僧面胡桃苦瓜　今宵朗月春華
眼前殿上新佛　夢裡宮中皇爺
巴結攀肩抱腿　亂真綠樹青蛇
心心昇天雞犬　念念搶眼袈裟
佛祖點頭示「可」　金剛張口說「不」
牆頭遂無野草　禪渡乃見蓮舟
僧面苦瓜依舊　風簷靈鳥啾啾

37. 寄某黨張秘書長

植根欲高萬仞　迴向須下千山
玉石俱焚亂火　智愚誰主塵寰
寧無大開大闔　九轉自有丹還

38. 馬上留影自題

昔如玉樹臨風　今且青山蓋雪
手中劍氣萬千　馬上功名獨缺

39. 息影

餘年不與王侯易
高臥無須驚早朝
廊廟爭如林下適
月明盡醉歌終夕

40. 萬馬行

滾滾黃沙萬馬行
各憑其力肆奔騰
鞭笞不用廝夫逸
良馬奮先駑馬鳴
鬣影蹄光浮掠處
輕凌大漠薄龍城
忽聞吆喝如雷起
急雨蹄聲驟歛已
一馬逡巡眾馬前
前行後行失統紀
蠕蠕馬步若螻蟻
御者聲嘶形委靡
嗚呼
一馬不前萬馬愁
何堪駑劣加驊騮
王良造父俱難再
伯樂方皐焉用求

41. 禱天

我身有二物　與眾異其生　彼實同聲氣　所抒非我情
凡言不及義　宏旨在分羹　羹也難恣意　恒聞出惡聲
營營為飲食　苟苟昧權衡　我不喜粱肉　彼偏嗜割烹
醇醪非我好　其飲以巨觥　久久更忘形　聲名萬丈阬
撟然於厚貨　不復念黎氓　嗟我何不幸　作倀豈我情
但願蒼天明善惡　為我操刀施切割
飲食語言俱可蠲　唯求此物早離脫

42. 詠鼠

其一

穿窬為泰斗　機智啟秦斯　樑上亦君子　高明有過之
所憂機括外　更有貍奴隨

其二

何如蠲暗處　勇毅赴明時　機括張無的　貍奴技莫施
獻身為五義　眾口燕然碑

43.壬申中秋新邸賞月兼贈曇花主人

(1)

來此新天地　中秋月更圓　曇花雖一現　消受勝長年

(2)

餐此雅人筵　珍羞難媲賢　良宵花月好　勝事幾回全

44.春蠶—勉承道

繁富陸游詩萬首　靈泉瀰自腹中笥
恰似春蠶能作繭　含咀豐時便有絲

45.人才

十二諸侯皆盲瞽　孔丘歸去孟軻處
荀卿稷下亦逃讒　徒見東方讖虎鼠

46.烏鴉頌

開示為先覺　殷憂啟眾人　破堅知假物
得果證求仁　孝盡反哺道　慧通造化神

47. 莽大夫

盡識謙恭包異志　無人忠義擲頭顱
但聞昔日漢家臣　皆作新朝莽大夫
青史從茲終斧鉞　春元正月徙江湖

48. 靜居

寧靜一簾雨　清涼四季秋　吾非嫌富貴　只為愛山丘

49. 酒瓶椰

乍見侏儒執禮恭　復疑昔日老駝工
數番贈以青筇杖　棄杖如前但鞠躬
細看花前癡立漢　原來東帝執壺傭
卮言日出詩如酒　酒保風流意更醲

跋：新邸中庭有酒瓶椰，枝折下垂如傴僂舉步，宥坐傾卮。初憐其艱難成長，以杖支之者屢。翌日，杖復委地，形駝如故。以旦夕相對，象形成趣，戲紀以詩。

50.疾愈以答「中醫」胸腔主任楊尊先生

信然名刹有高僧　弘法能迴天下春
泛駕慈航空苦海　不遺一眾陷迷津

三、薪火系列

1. 薪火

(1)
尼山門下久無傳
西雨西風披靡處
有學有師書不香
更無人道漢文章

(2)
昔日取經西土去
東來卻憾新秦火
如今西土重東方
劫後經壇一片荒

(3)
惶恐當仁萬里航
唯將殘息殉薪火
張皇無力夜茫茫
願有後人見曙光

2.「四二二」天安門

誰使天安門　須臾千頃浪　蕭蕭風滿樓　汩汩水無旁
潮急汐驚心　湍飛瀾蔽向　波濤撼帝霄　洶湧崩堤障
其指欲何為　村夫所能況　危舟獨不靈　一意孤迷惘

3.「六四」天安門

其一

子夜槍聲起　廣場炮火頻　腥風吹萬里　血肉洒重闉
紫禁城中骨　天安門外燐　可憐殉難者　盡是寵兒身

其二

桀紂當年事　莽秦今日新　星星原上火　遂遍九洲堙
爭問揭竿處　裏粮備長巾　咸知天道近　大族必亡秦

4. 復「正氣歌」

名物日大珍　瑰奇蓋絕倫　流光不可盡　方宇無其垠
天地因為正　聖賢所立身　等閒甘鼎釜　取義以成仁

獨因魔一丈　終莫勝讒臣　天豈藏機括　有心禍我民

5. 恭輓前兵團司令　黃公培我將軍

序：青年遠征軍故帥　黃公諱維，為早著功勳之名將；以廉介著稱，尤長於軍事教育，徐蚌會戰中，公以新制軍校校長奉調為十一兵團司令，不幸於「雙堆集」一戰陷敵。然始終不屈，歷久彌堅，其長期操持之凜然大義，蓋可振鑠古今矣！茲聞病逝北平，謹以詩恭輓之

(1)
忠臣死國生何憾　廟算如棋事可哀
忍覩乾坤傾一擲　誰憐名將繫「雙堆」

(2)
四十三年長不屈　大千萬世數元貞
獨嗟久亂疎良法　奇節終賒一字旌

(3)

桓桓帳下懷嘉祉　碌碌生平負玉衡
信國成仁傳海角　所南徒哭手無兵

6. 言治

巾幗終非紅粉敵　英雄未過美人關
嫣鞶誤盡江山主　媚謁嚴增亂世瀤
亦有男兒由母教　更多列士為妻嫺
奈何亙古棼求治　不治一人治萬般

7. 拔牙

一將功成萬骨糜　良醫十九舊庸醫
祇因患者多貧賤　不見呻吟見口碑

8. 恭賀　達公上將九秩華誕

(1)

元戎雖老澤彌長　勁節殊勳未許忘
為賴聲威驚賊寇　方州同禱壽無疆

(2)

儇慧少年得月先　滔滔耆宿釜中煎
此時聞有蟠桃宴　倍念長沙風土賢

9. 書贈士強世兄洞房

聞道春風雙得意　今冬又見小登科
願君更把閨中樂　譜作青雲路上歌

10. 學明將軍榮遷中將

南渡樓船曾破虜　中興幕府復呈功
勳名此日歸良將　佳話千秋付史公

11. 戊辰國殤之春

依舊東風依舊雨　蔣山不綠萬山秋
愴懷最是州橋句　無盡孤臣故國憂

12. 閱墻

閱墻無日不知憂　底事相殘未稍休
莫辨是非孤一意　渾忘風雨急同舟
自來禍福興亡理　不外靈頑取舍諏
何日心帆平子夜　山河重整禊重修

13. 「中醫」三十周年頌

拓土貧辛懷壁嘆　紆尊耆宿回乾腕
心畬多士千江汗　活水清渠田裏灌
穟穟嘉禾萬頃浪　稻香馥郁飄天漢
此物曠古金丹冠　一爐合冶中西貫
療飢療貧疾苦散　從此人間春浩瀚
嘆觀止矣　三十年幽渺張皇
將永啟兮　億萬世炎黃休光

14. 「中國」三十周年有感

三十年前賢者作　同墾醫林久廢田
曾見貧辛猶盡瘁　尤嗟艱鉅且中捐

振其敝者得之天　去國者英獨慨然
北畝南塍飄白髮　春風化雨冀回乾
如今終見嘉禾秀　賀者盈門耕者笑
懷璧之獄雖莫平　百世之爭終炳耀
至矣開來繼往篇　壽人壽世新針砭
良材之林江之岷　飲水興居寧不念

15. 電視即景

曉日擔山至　寒梅帶雪開
悠悠牛背笛　一曲葛天迴

16. 豪賭

家有賭徒子　連城亦廢墟
河山為一擲　信義盡多餘

其二

呼盧傾孤注　喝雉以千秋
賭者今何在　咸留一世憂
奈何皆不悟　此禍總無休

17. 冰炭黃昏

(1) 為火欲相竭　為水欲相滅　曾經為既濟　何以相滅裂

(2) 忍見影傴僂　更惜花憔悴　夜靜聽呻吟　宵分猶擁被

(3) 聚時冰與炭　離闊淚中憐　當念銀河夜　惜茲風燭年

18. 賀　學明中將榮致並膺新寄

良將通今古　等閒論兵書　滌胸羅萬卷　畫策展雄艫
勇退何其美　長才未許疏　訏謨光弼副　游刃恢有餘

19. 詠蟹

枕戈長帶甲　仗義不離兵　側走為辭讓　潛居遠紛爭
奈何千古下　眾口病橫行

20.三味湯

忠言良藥惡婆婆　千秋扁鵲世華佗
若能服此清涼劑　不必尋求安樂窩
東漸歐風民俗病　此湯更是密波羅

21.嗟魚

(1)西風興巨浪　魚兒盡搶灘　市朝竟忘返　不再思故鄉

(2)狸奴優治鼠　職志本彌臧　徒以魚之惑　遂任鼠囂狂

(3)出水歡娛暫，在水歡娛長，奈何棄此長歡樂，以博花間片刻狂！嗟爾何其惑，以身膏虎狼！徒亂貓心意，偕亡於積殃！問魚何日知靈悟，令水回復舊時歡，令貓再得張威武，令鼠消聲遠匿藏。

22. 賀 洪富連先生喬遷

高義富連城 文華清水賢 允作雙鳴鳳 止茲喬木巔

23. 牝雞無晨①

牝雞不務晨 鄙諺昭經史 不必古為然 千秋當仰止 君不見滔滔籠下爭司晨 羲和之政無儀軌 東方旦旦失明夷② 舉世莫明丹與紫 雛子亡母牡亡家 域中籠野亡倫紀 牝雞 牝雞何溺此 寧被路人指 爾職已多荒 爾聲復不美 何不翻然歸玄牝③ 修爾靜嫺容悅己

註：

①古諺以戒女禍者，牧誓：王曰：古人有言，牝雞無晨！牝雞之晨，惟家之索（蕩然）。

②書堯典：「乃命羲和……敬授人時，分命羲仲……寅賓出日，平秩東作。（言承導日出，以序春耕）分命和仲，寅餞納日，平秩西作（言敬送日入，以序秋收）。」

③坤德也。老子谷神章：「谷神不死，是謂玄牝。河上公注曰：『玄，天也……牝地也』」。朱熹謂「神化之自然。玄，妙也！牝，有所受而能生化物也」。（朱子全書老子）

24.書贈 世侄范國勇教授再度留美

學海鯤遊初浪碧 瓊林宴待一枝葩
願君遇合追先正 攬轡澄清苐萬家

25.書贈美國 歐立文教授伉儷

萬水秋澄山映拔 一林月滿桂飄香
清風將去施天下 異采奇葩被八荒

26.寄 玉林年長

故鄉來尺鯉 為道故人儀 多藝歆淵博 健談喜瑰奇
殷殷遐裔念 娓娓少年時 神往眉飛處 夢魂為遠馳
傷我多坎坷 憐君幼蹉跎 風霜分遠燕 書劍異明駝
慚愧魁千眾 欽遲蓋甲科 為君長雀躍 感物每狂歌
君本雞中鶴 一鳴震大羅 名為天下識 政為萬戶歌
效顰春入暮 待兔雪封柯 唯有身如鐵 當圖載酒過

27.書賀 齊中榮遷空軍新戢

飛將龍城業 功名定遠揚 康莊新駿足 雲路任翱翔

28. 悲狙

賦芋以殊名　復憂終悟識　於焉棄朝三　使就遠方食
自北百里東　又教改南極　南方不見林　再使奔西域
西去路難行　紛紛仆路側　狙亡芋有餘　鴉鵲驚涼德
哀彼狙何愚　胡為趨慘刻

29. 産難

哀哀陣痛何時已　一子未生先九死
長跪塵埃千叩頭　央醫切腹安吾體
妾身若使殉胎兒　夫婿無妻子無倚
「天殺」害人不足憐　幼兒無母花凋靡

30. 絨縢

盜憎主人攝絨縢　盜攝絨縢甚於主
他盜憎之復甚之　循環無已自相仵
憎之甚之將何從　主也盜也將焉取
天下若無盜之憎　絨縢扃鐍皆可去
若從盜意去關防　盜得財物將難聚

為盜如何惑且愚　但知不便不知祜

四、遊散系列

1. 零陵舊地

身如翔鳳氣如虹　弱冠習兵征戰中
意必英雄平賊虜　再提銳旅靖河東
如今羞見當年友　唯恐人前問立功

2. 野祭　雙親於福州北郊銅盤墓地

書劍兩辜悲老去　還鄉不是錦衣身
窀廬早付刀兵劫　里巷猶新午夜燐
野祭欲傾千斛淚　復招忍酹一杯醇
難將大孝酬哺育　但獻刳腸答苦辛

3. 故里

故里依然白屋敧　故人不見我心悲
當年日影當年月　猶自階前映布衣

4. 故居

修竹數竿天外物　寒梅一樹雪中枝
庭前形影曾相逐　今夜月明但有詩

5. 美　故人郭氏子婿

故人早世裔皆賢　孝友謙謙意拳拳
何必詩書皆富貴　彝倫遠勝青雲天

6. 湧泉寺

白雲峰上湧奇觀　寶剎莊嚴洞月寒
千佛示開觀自在　靈岩棒喝水迴湍
如何摠著眾生相　不向菩提證涅槃

7. 西禪寺敘舊兼贈　毓錚兄

西禪寺裡再聽禪　萬里征人周甲還
昔日荔枝枝上熟　恒因魔障共危巔
今朝為慶存霜果　香積堂歡敘舊筵
相憶兒時遊戲樂　童顏更比荔枝鮮

8. 歸途輓仲兄崇雄

西風何慘礉　摧折獨優為　既使根株析　復教花萼靡
孤枝唯委地　萎草與同悲

9. 花間漫步

春色迎人鬧　風光入眼明　花香遲墨客　鳥語報新晴
蜂蝶解吾意　慇懃導遠行　幽蘭依石放　澗水一山橫

10. 歸途贈妻

有風雲不淨　無電雨方真　蓑草斜陽下　相依意更親

11. 吉隆坡

四日馬來兩日程　了無一處可怡情
高原雲頂帝鄉說　但見樗蒲不夜城
客邸芳園宜秉燭　卻如衣錦夢中行

12. **星洲書贈 鄭甥治平**

不待謳歌頌大齊　貞松本是須菩提
遠雲一片相存意　留與枝頭細品題

13. **過錦官**

錦官城裡煙花好　總是隨人作喜憂
客歲御街簪髮過　今朝卻載萬千愁

14. **星洲歸謝 鄭甥**

薤菊初濃金鳳曦　遠雲再接景星輝
楓林無盡繽紛意　總教風帆滿載歸
領略斜陽新月下　歡顏慚色竝翬緋
真情自比笙歌盛　貪鄙終貽木石譏

15. **載杖**

登山刻意載杖　非我不良於行
惡犬獠牙青面　畜生欺老嫌貧

16.秋日舟中即景

秋水藍天下　佳茗舊雨前　雞聲驚夜話　劍氣靡寒煙

17.觀海

逸虬逷雲漢　奔鯨駭碧流　濤驚失向棹　水犯無舷舟
安得屠龍客　解此舟中憂

18.雨後青山

長使靈峰招客隱　慣留落日送樵歸
還教春雨新顏色　翠壁丹崖燕子飛
橫青疊翠敞雲扉　映帶晴川向曙暉
水裡峰巒天上綠　幽幽峽谷溢芳菲

19.梨山紀遊

雞聲喧遠近　安步上梨峰　曉日平肩出　彩雲入望紅
層巒千樹裡　一水萬山中　野老牽蘿薜　煙霞相與終

20.豪雨

天上一傾盆　人間皆淨土　奈何攬轡士　無或居靈府

五、癸酉系列

1. 養草者言

富者蒔花貧養草　草長萋萋富者惱　我為斬草不除根　其根旋踵又叢葆　事半功蓰無過勞　貞下起元利市好　此道近乎偷　雖偷賢於盜　君不見竊國與竊鉤　後者就誅前者侯　我雖不侯亦不誅　復為百草留根株　生生不息天之德　小取其酬寧有幸　道乎哉　盜乎哉　大盜小盜如雲堆　三才於物為其魁　聖人大盜原非二　吾道何妨廣開來

2. 辛未中秋微雨詠月

朦朧照雨花　不廢圓萬家　千里勞人夢　淡光鮫帳紗
行行伴孤旅　惓惓盡曉笳　簷下與相對　無言但共嗟

3. 貪夫

貪者一何殘　黑心烹鳳皇　天上有星月　為之黯無光
不料今君子　亦圖好鳥膏　若聞千樹嘆　若聽眾禽號

若問今何世　無良何滔滔

4. 甘棠夫人

世頌周公聖　竟有荒唐後　逼妹遠和親　嫁作將軍偶
其妹為存魯　下堂忍悲侮　須全疑中兒　須慎懷中撫
冒死助前夫　盜圖使輔主　愁中強歡顏　救彼刀下虜
晉主殺將軍　以之殉地府　逃生歸故國　失意在廊廡
兄欲遣歸晉　夫嫌不復取　殺兒何不明　逐婦何不古
自盡有餘辜　侮恨將何補　孀遺守絕戶　監國徒衣黼
魯侯何無方　孝叔何無良　晉主何遲誤　夫人何悲傷
滿朝冠蓋盛　無如魯莽臣　隙犨能收劍　魚矯能破窀
萬古念甘棠　宜兼此二人

5. 燭之武

但聽說甘羅　無人道燭武　救亡於立談　豈遜相軀虎

6. 馮唐

才奇每數奇　外此有幾稀　豈是蒼天意　君人實為之

7. 李廣

邊功奇七鎮　不計黃金印　猶恐辱高風　從容飲白刃

8. 唐宗

莫邪鑄於型　盛世在君明　濫觴存活水　乃見大河清

9. 武后

守監為自盜　其理已難申　后復竊邦國　其誰衛我民

10. 白烏鴉

鳳凰谷裡來新客　芙蓉出水羊脂白
一新萬古舊衣粧　從此烏鴉非一格
若是天心果好還　一端可作千端測
人間將似楚江秋　不著半分塵與墨

11. 題畫虎

雖飢不食子　雖暴能安眾　雄鎮萬山中　一鳴天地哄
食人寔相驚　樵隱視麟鳳

12. **題畫兔**

休嫌彼無唇　疾虎莫之匹　三窟為安室　縱情為放逸
菜根甜於蜜　肉食所憎嫉

13. **題畫鹿**

鄙為天下逐　不願仰豐祿　天地作阿房　芳菲為辟穀
但防鷹犬來　無患江山覆

14. **觀畫**

寂寂一張琴　青青柳樹蔭　伯牙何處去　黃牯亦沉吟

15. **哀牛**

民生第一功　爾具推移力　可惜欠思量　被牽由不得
穿鼻被人牽　奔勞無自已　牽人以落荒　終亦被牽死

16. **寄　中正理工學院副院長杜如根將軍**

青山情脈脈　秋水意綿綿　遠近皆宜可　陰晴並嫵妍
何當長與共　把酒傲雲煙

17. 唐德宗

為政日紛紛　治絲絲益棼　村姑之不及　遑論詡明君
嗟爾多初吉　旋幾玉石焚　徒因猜忌故　一抹敬輿勳

18. 美人恩

最難消受美人羹　一飯須償萬日耕
滄海不聞潮弱水　巫山幾見主峰晴

19. 枯枝

東林方盛一枝單　夏去秋來冬更殘
安得陽春光遍照　自今不再見孤寒

20. 秦淮

(1)
畫舫由來多絕色　人間此處最無情
床頭金盡笙歌歇　枕下更殘陌路生

(2)

江山萬里亦秦淮
無盡英雄冢下埋
冠蓋佳人須俱往
一竿風月舊雲涯

21. 惑嫁

不知生聚半豪門
善棄糟糠是士人
英傑亡家丘壑傲
田園卻少一簾春
良醫忙碌工商俗
媒妁口中半假真

22. 譴

(1)

本懷平仲志
亦挾公孫長
竟為恣威福
渾忘廁廟堂
荒唐欺弱息
枉法悖天綱
寧不慚金榜
長沾孔氏墻

(2)

壁壘張強弩
陳倉齎盜糧
多金長袖下
快意宦游鄉
婦謁穿門限
苞苴代典常
姝姝居顯要
鄉鄉速危亡

23. 去思

汪洋自有紆餘美　每令湍流愧不如
落日將從寅谷去　猶自回頭望遠滑

24. 感時

閥閱喜伊優　帝王猜覬覦　書生雲路難　天道煙樓似
莫更嘆陶窮　無須悲華死　生不值明時　聖賢如敝屣

25. 歸去

為師為吏亦揚旗　縱筆曾為古史魚
六十年來煎患難　八千里路策罷驢
如今盡卸雙肩負　歸去同娛半畝蔬
可告故人唯一事　囊中猶載聖賢書

26. 迎　王靜芝教授於霧峰土雞城

幽篁風笛韻　野店黍雞香　同迓雲中客　亦來世外鄉

27. 問蠖

何為徒枉尺 不得上修桐 暖暖甘牛後
姝姝侍卉宮 孟軻如再世 定斥賤爬蟲

28. 吟事嘲

花開須謝序 萼綠好迎春 飛雪催蟲蟄
落紅趣土新 杜鵑非泣血 多事是詩人

29. 鄰雞

鄰有臨盆婦 雞聲喔喔頻 雖知行就死 不願廢司晨
入釜為珍味 捐軀無怨瞋 高飛鳴澹遠 何足比慈仁

30. 癸酉二月贈 玉林年長

名山最是斜陽好 丘滿靈光壑滿霞
李杜芬芳遷固盛 東風吹向殿元家

31.三屆立委選後寄本黨宋秘書長

(1)事逢丕極處　每藏剝復機　亢龍但知悔　必有見田時

(2)引去徇虛名　何如甘煉獄　憂先天下人　乃見匡時局

(3)無投負器鼠　慎驅入室狼　動心堅百忍　以待水滂洋

32.瓶花

宜使好花長悅目　莫教名將老黃塵
瓶中妍麗須明日　馬革芬芳但利身
何若春華長可復　無虞堤柳賞無人

33.癸酉仲春贈青青伉儷

春風得意中　萬里向晴空　頡頏登雲路　和鳴上紫穹

34. 癸酉之春贈 張生恒鴻博士

遠求異本索菁英 沃土膏腴活水清
果得一枝妍麗放 群芳側目眾香驚

35. 贈 許歷農上將

山風底事妒光妍 江上飛花江水洇
東去何時將復返 江城萬戶眼為穿

36. 答藥學系期末贈匾贈言

(1)
育才遠勝治方州 何必身封萬戶侯
應許此身將不朽 三千筆下有春秋

(2)
泮水年年新聚首 荷花郁郁又西東
敝車轆轆南山去 滿載依依一片衷

37. 讀荀子

天生夫子何不用　西去劇秦東嗟宋
但見蒼生盡倒懸　不能荏席與之共
春申不荐楚王庸　徒得蘭陵千載頌
偽性達言速刺譏　戡天遠矚資疑恐
遂令至道久沉淪　邪說至今猶積重

38. 故劍

一支舊時劍　侯門以自見　劍雖失光芒　曾助平薊燕

39. 賀　天仁胞侄榮升

歷驄總道雲中遠　寶轡終從天上來
莫謂東風吹不遍　芬芳萬古數寒梅

40. 暑假寄　履常兄

暮靄共斜陽　徐徐過曲塘　似嫌相見晚　倍惜老時光

六、甲戌系列

1. 嗟鳳

鳳皇頓失翠雲裳　舉步蹣跚展翅難
寒鴉冷眼疑鴉鵲　百鳥同聲議鳥王
嗟爾如何捐練實　不惜羽毛為稻粱

2. 斷劍

不為塵封甘腐朽　猶將萎棄盡神奇
龍吟作氣凌宵去　下挾風雷擊魍魎

3. 水滸

替天行道未終篇　復將天道還與天
盜泉畢竟不堪飲　避獺唯當下九淵

4. 癸酉端午懷　屈大夫

(1)
湘水能教草木馨　忠魂未使闇君醒
騷經賈賦長卿句　濁世傖夫總不靈

(2)
角黍年年不飽君　唯將新淚補江墳
滔滔濁浪思清潔　愁殺南天一片雲

5. 書贈遲歸淑女

幽蘭薰靜處　凝黛翠晴巔　樵遠求薪易　歸遲得月先

6. 藥學系惜別述懷

北畝年年化雨新　芰荷時節見葵傾
平生得意無逾此　一束鮮花一段評

7. 懷

(1)

簾後荒唐制九重　等閒騏驥棄黃鐘
伊籐際遇雲泥判　呂望功名水月蹤
坐使海疆譏一擊　何堪城下酷三冬
愴懷國事思高遠　扼腕群庸昧去從

(2)

學衷中外兼今古　心繫興亡化鐸鏞
不義簪纓如敝屣　名山事業儼華宗
獨悲莘野時難再　遺憾長沙議不從
索慮唯疑關氣數　千秋得見幾遭逢

8. 夸婦

治絲絲益棼　無縷上機杼　萬戶仰羅文　衣裙皆寸補
猶稱第一家　不覺最愚魯

9. 拜金

天堂有爵花添錦　上帝入時亦拜金
富者不徒能使鬼　神明與鬼一般心

10. 無題

故人還念李將軍　遠道相貽金鑄印
此物雖然不遣兵　此情賢於帝王吝

11. 浮雲

愜意浮雲耽出岫　無心霖雨忘歸山
唯從月下歌清夜　不去扶餘賀入關

12. 詠蟬

與居一泰千紅外　彈唱從容萬綠中
應解先生絃下意　長安米貴不如窮

13. 詠蛙

東去為瀛海　北行有大河　如何安埳井　摩腹以自多
不思天下熱　徒受綠袍鞾

14. 寒士

屋破敝衣單　誰思寒士寒　寒窗窗外雪　積雪到更殘
出戶人情冷　冷言裂肺肝　抱頭趨暖日　暖日遠千竿
望灶無黔突　充腸無一簞　徒言生死節　徒薄折腰官

15. 奸賈

奸市食人甚於狼　算珠上下計千方
生成委地便便腹　載盡飢民轆轆腸

16. 責善

五尺害天徒見拙　三更結網應爭先
上林自有千條路　不厭才人猛著鞭

17. 讀李忠定諱綱輔國始末

元臣容易經內外
英主艱難貫始終
奸佞非能六柄奪
帝王不願九州同
徒多義士殉宮闕
枉有敵胡畏相公

18. 岳武穆德配 李夫人

奸相空今古
愚君冠冕旒
千秋名將志
無盡淑人愁
夫死莫須有
子殉無來由
千悲填肺腑
百忍守箴璆
萬里從流放
邊關困故仇
傷天何慘絕
斬草復窮蒐
次子捐陽九
掌珠入鬼幽
猶思古君子
報怨以德休
殊死犯鋒鏑
嚴辭化戈矛
莽夫全晚節
怒眾為霆收
終救南寧厄
不教泉下憂
梁王胤不絕
二姓好長修
帝力雖遙遠
臣心照碧浮
從容加桎梏
古道照陲陬
踽踽寂寥去
潸潸涕泗流
三軍為慟哭
天地為憂惆
高遠嘉魂魄
晶瑩煥玢璘
相夫為完人
教子能成仁
有待忘生死
堅持動鬼神
卓犖女中聖
儼然蓮上身
英烈垂千古
典型無匹儔
恨我毛椎禿
未能盡徽猷

唯資天下口　長為夫人謳　願此芬芳德　潢然覆九州
抑猶餘一事　事應付春秋　犬索鷹蒐急　耆年護益周
願求天下鐵　盡鑄莫邪鈎　飛向冥間獄　千梟奸鬼喉
願天長錫福　福壽如雲稠　皆降喬公戶　以為厚德酬
以明非與是　以快恩與讎　願坿夫人傳　竝俟采風輶

後記：八三年三月觀華視國劇魏海敏飾演，李夫人淑貞故事，不禁老淚縱橫，是夜成詩以紀之。

19. 孤棹

狂瀾恣傾覆　孤棹正浮沉　默默波濤下　晏然砥砫心

20. 包拯

賢自父兄偏似鳳　盛由君相總如麟
百花雖好四時暫　一吏能廉天下春

21. 讀晉書周處傳

惑時為患悟為功　降蛟降虎自降躬
諍能從道戰能死　萬古何人有此風

22. 癸酉重陽寄玉林

一水分兩國　比鄰遠天涯　還雲消息杳　旅月望中霾
高處插茱萸　茱萸毒我懷

23. 天刑

上天有大鈞　長念惡生靈　居位雖赫赫　其誅在冥冥
誅心甚於戮　伊戚嚴於烹　延禍之為速　子孫為賤氓
此刑人不見　此罰最廉平　鬼神懼其必　萬物仰其衡

24. 沉舟

二十年前水上舟　如今但見水中影
誰能見影使之浮　使復曩時舊光景
航向大河上白雲　游從楚尾溯鄢郢

25. 觀魚

紛紜淄涅盡無蹤　更無炎夏更無冬
漁舟不到釣磯遠　雲海為游水月從
何必龍門求際會　此中天地勝遭逢

26. 南宋

(1)
直搗黃龍羽檄馳　金牌十二阻雄師
可憐復國千秋業　祇見西湖一片陂

(2)
皇帝唯憂二帝歸　相公但計一身危
大夫爭學胡兒語　待向胡人乞宦司

(3)
士氣人心不再持　臨安每下況曩時
天街淚盡六軍訊　使相心餘一首詩①

註：范石湖使金歸來有州橋詩：「州橋南北是天街　父老年年等駕回
忍淚失聲問使者　幾時真有六軍來」

27. **趙構**

大戶酒酸不殺狗①　金鎗桿斷鈍鎗頭②
金牌上鐫君心死　金殿橫書武庫廋
碧血作丹忠鬼篆　山河啜泣日星愁
至今無盡孤臣淚　猶在錢塘日夜流

註：①韓非子審聽：「不殺狗則酒酸」，謂惡犬阻客，則兼聽無從也。
②俗諺：「槍頭不利，弄斷槍桿，」

28. **輓　謝教授樹德**

既為齊城哭　復為魯局悲　君今將化骨　我尚為行尸
此景誰能繪　此情誰我知　人生為知己　豈在多言辭

29. **人願**

天貴及時雨　佛修無量德　誰能兩善之　去疾兼醫國

30. 長春會八三年團拜即興

作今休言古　更莫論鼠虎　不使夕陽斜　繫之千歲樹
留將日月明　長照山河舞

31. 野歸

兔升天際曙　烏下夕陽暄　朝出春盈野　歸來月滿軒
有朋遲敝閣　把酒道黃昏

32. 薑蕙

冬盡春復旦　英姿挺於蘭　以作案頭賞　時從物外觀
素心超芷若　無價在邯鄲

33. 「麥可」旋風

腦後安危曾共喻　眼前憂樂已懸殊
京師空巷觀滛舞　雨港萬家踊旱雩
湯禱①徒傳問徒切　幾人反己畏天誅

註：①荀子大略：「湯旱而禱曰，政不節與？……婦謁盛與……苞苴

行與？讒夫興與？何以不雨至於斯極也！」

34. 養生歌

無酒無歡無醉言　無人作伴無人嫌
三餐不飽不生病　半榻孤眠早看天
一歲之中多百日　分陰所積可萬千
得諸禪悅讀書樂　便是延年益壽功
若問神仙真面目　如峰如嶺此山中

35. 甲戌七夕

朝夕盼今夕　聚少別時多　縱有天長久　良宵容易過
如何傾積素　更漏聲聲撾　汩汩別離淚　已成第二河
唯求新鵲助　使近巫山阿

36. 八戒之言

鏡外鏡中無一是　只緣來自野猪林
莫嫌猪面非人面　且把狼心較我心

37. 茶花

茶花依舊向牆開　不許狂蜂得訊來
無上芬芳甘寂寞　果然不負雅人栽

38. 紗窗

家貧徒四壁　猶設鐵藩籬　遠拒小尤物　以嚴意馬羈

39. 詠封狶

若愚實大智　藉夢以忘機　眾子為昌邑　多餐豈自肥
世人何不察　惡口每相譏

40. 讀唐書

亂命宜無從　義誅有達例　胡為反是非　以悖春秋義
至矣賓王檄　一匡唐氏帝

七、乙亥系列

1.乙亥新春試筆

春暖枯枝綠　雷鳴萬蟄驚　靈蛇初走處　得句若雄兵

2.春風

面目渾然人不識　新歲何年不自知
等閒高處一揮洒　萬紫千紅葩滿枝

3.昇平頌

日暖三冬襖　月明萬戶燈　大盜為先變　黃河一夜澄

4.展昭

俠隱非無情　獨餘薄倖名　只因許四海　不敢負生平

5. 古臨安三首

臨安盛世蔚奇觀
英主昏君月旦難
延祚一隅無敢犯
用兵夾道有騰歡

其二

悍酋倖免金槍銳
蟻眾逃生心膽寒
韓帥樓船紅玉鼓
先聲早已勝江干

其三

名將賢臣空百代
一簣功虧佞宰官
萬古愁聞江水泣
風波亭下倍心酸

6. 乙亥初夏詠懷

籬樹花開七里香
如珠如玉不須鑲
養心養目皆無上
獨擅南朝負郭鄉

7. 屠熱

清風屠熱雨馳援　炎師辟易夏師奔
喜見羲皇雙日月　載來堯舜好乾坤

8. 乙亥中秋

歲歲有曇花　共賞月光華　今年花不放　月色籠青紗

9. 州官

莫論今世無包拯　縱有龍圖亦枉然
堂下不存龍虎犬　州官何術作青天

10. 山雨

山雨欲來滿目秋　新喉歌管盡憂愁
籠中索食九官鳥　猶作人言不肯休

11. 隱者

不能治國拙齊家　合在荒山煮苦茶
世亂河枯稻不熟　愁聞父老訴桑麻

12. 野奕

雨過簾新青草碧 人歸柳暗菊花明
青松皓月山中友 石上風雲勝有聲

13. 敝屣

昔為貴賤所同捐 掩鼻棄之恐不及
今者恒為士所登 枕衾與共安呼吸
黃生善喻今難立 韓固有知欣作揖

14. 老人

老人八十走如飛 手杖一支手上揮
叩以如何多一舉 揚長而去無言語
移時再遇復為諮 笑裡譏予何不思

15. 曇花早放主人索句

去年妾作驚鴻過 明月清光照素衣
今夜復來待明月 舉頭但見月依稀
細向浮雲遮處看 垂頭弄髮不勝羞

原來朔望尋常夜　誤作團圓八月秋

16.題仕女畫

畫筆疑因天上墨　著絢不見施顏色
明知傾國得不能　依舊為之長反側

17.天山

嘯虎眈幽谷　天山駐夕陽　此中存一老　巖壑以為鄉
鐘乳懸資飲　石藷煮作糧　不知真面目　水鏡照黃裳

18.答　蕭會長丁山贈法書

天香來望外　劍氣在行間　疑是將軍筆　欲追長史嫻
得此無價物　如何言報還

19.賞花嗟

安得如花木　一歲一更新　無須憂富貴　雨露最平均

20.梨花問

彷彿人間花燭夜
暖雨梨花相擁時
梨花問雨花殘後
是否還來探故枝

八、丙子系列

1. 丙子中秋懷古

一片關山月　無言話古今　年年客邸下　切切中原心
意共白雲往　夢淒梁父吟　孤臣匡復計　唯見柏森森

2. 丙子中秋憶曇花

舉目無顏色　唯君最素心　年年遲或早　一刻值千金
今夜知何往　月明處處陰　索然樽酒下　意共白雲駸

3. 鄰娃

三歲娃兒一片真　嫣然梨靨最宜人
糖飴欲接羞無地　祖嬭肩頭隱笑顰

4. 賀　馮揮侹喬遷

青松矯矯歲寒中　六合融融作綺宮
應是鶯知喬木好　新巢高處待東風

5. 詠水

吾何耽此物　此物浹吾心　無量千年酒　有聲萬古琴
卑卑長在谷　入化作甘霖　浩浩施膏澤　淵淵盡古今
澄澄明鏡臺　淡淡為良箴

6. 秋思

落葉生涼意　飄香載月光　雁群如倦客　秋至亦思鄉
歸雁一來去　勞人一斷腸

7. 遊湖偶拾

乘風堤柳飄雲髮　喜雨池荷著紫衫
香澤微聞千日醉　迷人最是濕衣單

8. 園丁

草木因其盛　芬芳賴以新　景觀千載勝　誰念汗霑巾

9. 賀友畫展

風情千萬種　采筆二三枝　後素神奇處　人間幾見之

10. 丙子詩書創作展後贈 世德先生

未秋知落葉　辭夏返高丘　索然鐘鼎味　陶醉山林悠
出入鍾王意　優游元白舟

11. 殊勝

山月眼中天下小　釣磯石上廟堂低
人間何物真殊勝　一卷黃庭舉案妻

12. 丙子中秋迎客

總是詩魔難裔遣　偏逢遠客待庭除
客來將以詩言故　適見客來倒跨驢

13. 山居自嘲

此山無猛虎之地遠河東　出入稱耆艾　往來有博通
人間真富貴　豈在帝王宮

14. 丙子題畫

金仙采筆白雲鄉　玉宇瓊樓九曲廊
閤上麗人紈扇落　飄來天上粉肌香

15. 犬馬

獻身雖異曲　忠義有同工　鋒鏑不辭死　艱危恒以殉
皆知甘患難　無或計窮通　詩禮寧能過　高明率性中

16. 答　鄭甥丙子厚貺

又是一年客裡冬　鬢毛漸似雪山峰
春風依舊關情早　暖日薰然遠意濃

17. 丙子中秋胞女侄團秋偕子佩恩來舍

天上團圓月　人世清秋夜　滿庭桂子香　飄自廣寒樹
花氣襲人來　月光輝草舍

18.歲暮感懷

廚有東坡肉　室懸與可竹
依舊支瘦骨　未或減庸俗

19.作書

筆下風雲起　書生意氣中　騁馳千旅眾　叱咤萬夫雄

20.詩酒

好詩意不盡　旨酒客無多　何必聖賢盛　且從飲者歌

九、丁丑系列

1. 四時歌

炎夏谷中蘭　清秋籬下菊　冬寒簾外竹　春早梅花簇
一老樂其中　陶詩佐酒讀

2. 無花茶

吾生有素癖　行素不圖華　偶爾為點綴　姑蒔山上茶
誰知三歲裡　見葉不見花　花豈知吾素　斂然不敢葩

3. 答芳鄰贈梨二首

(1) 冰天一捧炭　雪地一輪曦　十年忘寂寞　一旦返春熙

(2) 持茲嘉火棗　良以益心脾　滋潤菩提樹　甘霖楊柳枝

4. 丁丑三月悼亡妻八首

(1)
嗟我失行雁
復遭折翼傷
孤寒臨易水
遙遠望衡陽

(2)
往事如汪洋
無一不淒涼
何堪慘淡月
夜夜冷西廂

(3)
花影餘枝葉
依舊上欄干
似憐深夜讀
來此問衣單

(4)
欲哭已無淚
欲呼再無聲
念君行遠獨
今夜止何城
入夢無言語
無復往日情
夢猶難再得
開眼到天明

(5)
去年山雪凝
丰餐五里遙
步步蹣跚態
依依繾綣宵
詩腸為百索
畫筆所難描
竟爾成追憶
長資苦雨謠

(6)

回首念華年
齟齬居其半

噬臍悔從前
翩翾但偶然

不知好歲月
如今空悵惘

能有幾多天
如蔓失攀牽

(7)

寂寞對鳴蟬
何奈曲先終

不復嫌囂聒
故蟬不再活

細聽若古琴
衣懸高樹梢

轉覺心胸豁
絃在無人撥

(8)

春雨如細語
點滴在芭蕉

綿綿止復賡
誓言世世盟

破窗為把晤
可憐渾是夢

無盡舊時情
杜宇一聲聲

5. 八十狂歌

老彭八百古云夭
百尺竿頭更有天
我將勇往南山顛
不能大道開來者

人間能事應無窮
寧因耄耋便停鞭
一窮究竟生之年
姑自旁門入聖賢

不必杞憂人滿患　萬山齊樹有樵肩
黔黎冠蓋皆樂此　正是康衢擊壤篇

6. 丁丑初夏觀霸王別姬國劇

(1)
烏江雄鬼頭顱賤　垓下帝姬骸骨寒
錦鏽山河贏糞土　無非一錯擲長安

(2)
萬夫辟易一死難　不因眾寡不因糧
借使當年捨金印　誰能困得真帝王

(3)
雄踞關中修棧道　阿房長醉亦無妨
不須史筆兼劉項　何待教坊事抑揚

7. 秋風嘲

秋風不識雲輕重　未黃落葉洒先支
括地天高塵十丈　這廝渾沌了無知

8. 天淨沙（小令）

西風急雨歸鴉　斷鞭瘦馬天涯
淚眼紅顏何處　小橋流水無家

9. 寄瑾兒

老病猶期園韭新　十里前村代犢禽
願兒莫作㚇㚇視　此物雖微父母心

10. 題畫鯉

固非池中物　奈何畜此中　此中難展轉　何日乃凌空

11. 舍藏

殘燭謹收藏　只為惜餘光　久久安暗室　豁然在帝鄉
帝鄉靡昕夕　東旭繼斜陽　其照時無盡　此鄉歲月長

12. 丁丑中秋

中秋賞月夜　今年少一人　低首憐孤影　無心嚼五仁

13. 明妃怨

不知此別見何年　胡漢關山路萬千
馬背琵琶深雪地　氈城鴻雁隱雲天
君王薄倖睞良策　賤妾無辜戍遠邊
索解男兒長七尺　江山名節究何先

14. 中興曲

此曲己經成絕響　唯君仍舊作高呼
乃知板蕩忠臣說　百世依然道不孤

15. 紅葉謠

紅葉飄飄出御溝　飄來郭外小河流
兒童異口誇紅葉　不識相思第幾秋

16. 詠牡丹以贈 爾昌議員

瑰瑋矜天爵　芬芳擀物華　人間金紫貴　一夜到君家

17. 為士

如春甦草木　炎夏作清涼　秋日澄河漢
入冬暖四方　書生攬轡事　奚必假平章

18. 吉羊頌

居春開廣泰　跪乳體天心　角力存仁智　結援拒暴侵
虎狼終莫逞　誠信以相箴　游食唯芳草　攀登必秀岑
歲寒溫白屋　祥瑞致青衿　萬世丹青手　誰能繪德音

19.賀 台銀副理王榮明先生榮遷

繁星信有青雲路　磊落曙天麗紫穹
秋水綾羅山翡翠　牡丹燦爛玉玲瓏

20.新阿房

民治如何實副名　都是皇帝誰是民
皇城依舊修馳道　興築阿房為一人

21.丁丑三月為白曉燕命案賦

不泝源流求淨水　咸從歲月盼河清
可憐百姓膏蟊賊　猶見獨夫詡聖明

22.讀漢書 蕭相望之傳

古今忠義無雙士　孰與漢家朱子游
門主高華臣不辱　帝師清節客千秋

23. 丁丑之夏書「水墨添香扇面」附詩以贈 啟昌老弟

椽筆掃千軍 風流出岫雲 鍾王漢魏趣 紅袖薛靈芸

24. 丁丑夏日書「拈山和水」扇面附詩以贈畫家李信東先生

靈秀之所鍾 藍天無盡重 剪雲心作畫 落筆意成龍

25. 丁丑嚴寒懷 先室含咀樓主

去年今日此樓頭 得意攀肩話稿酬
遠志無緣難一騁 文章有價復何求
那堪新歲凭欄處 無盡前塵觸景愁
高閣祁寒靡足道 黃泉衣被不勝憂

26. 丁丑之秋填天淨沙小令以贈 中庸教授伉儷

人間桃李空陂 芬芳顏色皆奇
自是春風無量 一門絳帳雙帷

27. 丁丑中秋書贈　江志明同學感其屢愈賤恙也

起死回生歧伯術　和風時雨杏林春
人間此處無貧賤　醫者神奇聖者仁

28. 丁丑重陽

買山好過日　轉眼又重陽　又聽余天九月九
城鄉一片菜花黃　村前美酒香　山上風箏颺

29. 丁丑之冬　韶青得台灣區國文獎亞軍詩以賀之

青青原上草　春風得意中　自是根荄勁　卓然百卉雄

30. 丁丑歲暮答　鄭甥年禮

如山厚貺層層積　似水隆情汩汩來
歲得巨金逾萬貫　楊州十上心花開
縱嗟老至鶴難跨　買醉村間有綠醅
醉思何德何能處　更見還童蘋果顋

31.丁丑冬日　永貽赴美深造詩以贈之

五車書卷囊中策　應拔掄才第一籌
此去鵬程九萬里　行將霖雨遍方州

32.丁丑病愈贈　名醫王院長廷輔先生

良醫惠物如春　妙方媲美越人
心死能教復活　依然吐故納新

十、戊寅系列

1. 戊寅初夏書贈 台銀林忠勇經理

子弟能兼天下善 父兄定屬宇中奇
誰言門第多紈袴 畢竟靈岩出采芝

2. 恭輓故司令長官 薛公伯陵上將

(1)
當年開國副元戎 麟閣雲台紀盛功
守固政堅皆勒石 如山如嶽鎮南中

(2)
三江在控荊襄固 將軍長勝水長東
長沙三役天搖動 地裂山崩江水紅

(3)
岡村鍛羽強虜折　一代孫吳心膽寒
定遠汾陽為遜色　論兵應作武侯看

(4)
奇才獨憾未登壇　高功不獲竟全盤
扼腕上兵無用地　忍教廣島遍京觀

3. 寒夜分食諭瑞兒

(1)
吾兒子女皆遊泮　老父猶持童幼將
病裡不忘分美食　為兒寒夜充饑腸

(2)
獨飲不如邀月醉　同甘乃覺品茶香
兒知盡孝當辭讓　應解無違義更長

4. 戊寅秋日晚眺

檻外青山不再青　紛紛黃葉落前庭
日斜別就西窗眺　一片餘暉照晚亭

5. 閨望

雲深隱約處　山在有無間　極目更千里　窮邊第一關
家書三歲杳　戍客幾時還　花落人憔悴　月殘鬢斕斑

6. 戊寅秋夜題人物畫

朝旁岩下結新廬　暮奔村店訪當爐
醉月不知歸去路　搗衣喧處問村姑

7. 彩蝶

彩衣上下舞翩翩　春到人間訊獨先
褪盡毛茸生羽翼　從容消受百花妍

8. 亡妻周年祭

房中情漸遠　時過意還親　魂夢無生死　幽明一舊新
悠悠甦未醒　久久幻疑真　肅念為清供　茫然失落身

9. 亡妻服滿無夢

念切殊方春未融　先倩東君送暖風
應多花氣襲人去　獨杳芳魂來夢中
天外更無青鳥至　夜闌徒對杜鵑紅
願君成佛西方去　渡眾還來苦海東

10. 福樹開花

伊人晚歲喜蒔花　遺憾一株總不葩
今夜月圓樽酒下　卻教孤影對繁華

11. 戊寅初秋賀 天仁侄榮遷新職

破浪崩瀾千萬里　喜君此日乘長風
書生攬轡澄清志　定藉雲帆一水通

12.戊寅秋日賦贈 劉維臻女士以紀舊德

一德高明知老驥 千秋敝櫪滿春風
誰言巾幗無人物 隻眼能教天下空

13.書贈宗仁仲 錦生博士

錦州春到錦江綠 生色巴山蜿十城
聞道峨嵋風物勝 遊人如織買舟行

14.寫意

不許蛛塵沾草舍 掃將愁霧遠書城
朝尋山色方初旭 暮踏月光近五更

15.詠丈人峰為 立夫先生百歲遐齡頌

高峰高萬丈 頂半在雲端 青松挺屈盤 靈鳳止高岡
蘭芷芳幽谷 梅花傲歲寒 一為風雨化 禾穗萬家歡

16. 戊寅夏日過鄰舍賞紫薇

霧城三萬六千戶　唯見君家放紫薇
應是天香知擇地　人間得所託芳菲

17. 春興

夜留春雨話　晨遣好花開　扶杖披茅塞　入雲覓異栽
雞聲荒徑落　客屐遠方來　相對無高論　漫將野芋煨

18. 詠狼

如犬如獒心似蠍　兇殘其性貪無節
攻人設計二人行　拊背攀肩喉管齧

19. 聖誕紅始葩

艱難三歲綠　拔翠一枝紅　丹玨輸顏色　絳雲遜玲瓏
應是瑤宮物　千呼萬喚中

20.戊寅歲暮 進城侄邀飲賦贈

君饒好客風 婦美從夫德 廚下治羹湯 桌中生顏色

杯盤潔且清 肴蔌簡而特 一味酒山鷄 人間天上得

21.美虬髯客

巨眼識英雄 江山一揆中 不爭中夏土 輕取扶餘宮

豐贈避頭地 遠謀化兵戎 恢恢豪邁氣 萬古塞鴻濛

22.讀近代史有感

(1)

莫為州官意不平 得君未必盡賢明

但能興利鋤公害 放火何妨況禁燈

(2)

盜嫉主人民惡上 陵遲最足誤蒼生

古來善政多如火 滅頂都因水易程

(3)

撤盡關防優把盜　扃縢無固寶山輕
珍藏劫後淪貧窶　更有何人頌聖明

23. 幽居紀實

鷄聲規起舞　鳥語話觀魚　碧草鑲幽徑　山光媚晚居
無花心更靜　有酒意良舒　言議為危出　興來漫作書
兒孫都解意　老婦倍關情　恐我長岑寂　時來共野羹
如花春後放　似月蝕中明　兼此天倫樂　何矜利與名

24. 邀飲

好客豪情賒灶下　無邊風月負梅城
願君念我深無奈　米酒花生莫見輕

25. 瘋僧

一鋤一畚遍山川　踏破鐵鞋磨破肩
為覓十方特立地　栽培一柱好擎天

26. 銀黃

羚羊掛角原無相　野鶴鳴條自有方
珠玉皆饒靈秀氣　何須多事飾銀黃

27. 題山水畫

懸崖高百仞　萬象入虛無　猿馬眠林下　老僧面壁隅
微風吻夕籟　落葉滿歸途　豈是人間土　得常見此圖

28. 聞道

空谷無人至　忽聞巨足音　音如地之義　發自天之心
為世鳴金鐸　為士啟良箴　當使昭天下　頹風為一新

29. 贈　廖飛筆先生

天音漂渺浮雲外　摩詰彩筆畫不來
一蕊貞苞初綻放　千紅萬紫盡遲開
芬芳寧與山僧共　未許上林高處栽

30.戊寅六月贈怡君女姪

怡色似蘭栽　君遷六月開　芷蘅周玉蕊　誰得素心裁

十一、已卯系列

1. 詠修竹

篁篁著清潔　漠漠視風雪　斷絕滿寒山
挺枝如勁鐵　雨中甘寂寞　雲外標高節

2. 「火燒阿房宮」觀後

(1)

合從有客無賢主　咸陽城下失兵機
如今縱有萬全計　乘霧騰雲勢已非

(2)

燕丹欲速舞陽怯　千鈞一髮寄安危
荊卿猶望前人烈①　終恨當機一刃遲

(3)
亡臣上客徒然死　悲歌擲筑俱無裨
大火何曾焚大惑②　千秋奚止燕宮悲

(4)
最憐玉樹託瓊枝③　定情偏在刺秦時
九地難埋傾國恨　一江不盡遠人思

註：①魯將曹沫劫桓公故事
②燕王喜之女夷佶公主下嫁荊軻
③漢王入關即焚阿房宮

3. 書贈台銀副理　陳村雄先生

逸興村居沮溺賢　江山雄峙一當年
轉頭寒雪飄香後　又見池荷出水妍

4. 書贈台銀　李松喜先生

松月照溪流　喜鵲上枝頭　佳音隨客至　旨酒共清秋

5. 書贈台銀許瓊絮小姐

瑤瓊標玉韻　飄絮落游舠　寄語賞花客　岸高樹更高

6. 烏紗淚

大夫何事哭庙堂　不因諍諫不因殤
原來七尺男兒淚　端為烏紗備一彈

7. 野徑

通衢有市難走馬　野徑無人好駕牛
朝出牧童三疊曲　晚歸樵子一肩秋
多情山月不辭遠　猶照敲門老比丘

8. 冬夢

夢裡倒騎驢　漫踏斷橋雪　尋梅問牧童
訪寺登巔絕　入寺謁高僧　下山思世說

9. 書贈　朝大嚴教授國慶伉儷

良師佳偶雙鴻博　應數東南第一家
靈鳳來儀闕里盛　春風拂面百花葩

10. 書贈　汪興智先生嵌名詩

晨興無懈豐南畝　大智若愚見素心
潑墨渾成新宇宙　揮毫一豁舊胸襟

11. 台銀吳芳卿襄理榮升作嵌名詩書贈之

老來樂事遜從前　却見英雄出少年
芳草連天千里碧　卿雲覆地萬花妍

12. 天泰胞侄遠自加拿大來省　贈詩二首

(1)

天倫遙遠夢　泰岱霽雲開　歲月悲睽隔　日星喜復回

(2)

還鄉猶子美而康　庭除為我添風光
鋤惡獨培雙吉樹　菩提智慧幼榕昌
夜觀談吐皆中道　靜悟禎祥果異常

13. 贈　胞侄天仁嵌名詩

天性至情中　仁懷俠義風　純青爐火下　更得降魔功

14. 贈　胞侄天瑞嵌名詩

天山高萬丈　瑞雪化靈泉　盡得風雲變　洞觀趨避玄

15. 書贈社區主委　翁金昭小姐嵌名詩

金碧輝煌處　昭明日月光　朝陽初照後　萬象煥容光

16. 答　高有權先生贈小密桃

惠我瑤池筵上珍　仙品一嘗懷抱清
此情斗斛量難盡　姑藉濤箋代芷蘅

17. 七度中秋回首

轉眼新居成敝廬　七年風物有同殊
曇花一現無來復　秋月大明不到吳

18. 再贈　瓊絮小姐嵌名詩

朝從閬苑訪高瓊　暮憩蘇堤觀柳絮
喚渡將與秋棹遊　琴聲縹緲知何處

19. 己卯秋日臨池即興

神仙憂浩劫　村漢樂天機　歲月雖鐵面
天心愛布衣　春風鋤下土　暖日釣中磯

20. 山居

山居忘昔又忘今　鷄聲入耳又天明
樵蘇引客衣冠異　道是人間已太平

21.一曝

晾日南窗下　漫讀古人書　十寒寒未去
一曝竟姝姝　夢覺餘斜照　酒香雜野蔬

22.戊寅立冬贈　沈裕良伉儷賀　芝辰得榜首

酒後茶餘錦上花　里巷人人道沈家
原來今歲鰲魚首　便是青梅小小她
具見淵靈能毓秀　明珠出水倍風華

23.贈　簡盤岳伉儷賀　良玉名列前矛

等閑屢試皆攀桂　今日又傳小探花
自是良工能冶玉　精心不許失光華

24.戊寅秋日聞　玉林年長以耄耋高齡遠遊西土兼登臨泰山並以佳什見示，佩慰之餘詩以美之

(1)
徐公美髯添飄逸　等閑馳騁紫騮行
度越三都回紇去　遠遊邊寨土人驚

泰山天下一呼嘯
若問先生年幾許
觀日峰頭拾級登
伏波還遜二十庚

(2)
聞道泰山今昔異
不知此說果然否
倍遮雲霧倍峥嶸
觀日石階是否平

(3)
卮言日出盡珠瓔
欲步不能嗟莫及
自是源頭活水清
徒慚闉下負虛名

25. 冬讀

老來漫享讀書樂
一卷重披百卷新
震地崩山皆自若
東山日出西山落

26. 憂俗

神女唯嫌窮鬼客
朝中禮失野難覓
無人更惜小姑身
百劫誰回炎漢春

27. 初冬聞蟬

(1)
秋風去後知音杳　先生古瑟不輕彈
高曲寧教成絕響　無言豈為懼冬寒

(2)
丈夫有志當若是　世亂寧窮不素餐
炎夏懷瑜千樹綠　寒冬樂道一枝殘

28. 賀侄孫女　吳暉與張學兵婚禮

花燭洞房雙學士　星辰銀漢竝光暉
畫眉初試張郎筆　待曉旋車攜壻歸

29. 戊寅十月賀　馬英九教授當選台北市長

(1)
千呼萬喚裏　聲氣奪人先　勝負局中局
兵機天上天　等閑百戰後　依舊最翩翩

(2)

走馬收三輔　先鞭解倒縣　風清俗漸化

政美盜歸田　來歲輶軒過　定聞京兆賢

30. 諍谷神

(1)

天生玄牝德　賦與女兒身　職在為人母

齊家助良人　子賢名自顯　夫貴志同伸

(2)

冰霜非獨懍　淑質所同珍　悅己為顏色

誰能犯谷神　無將丹轂出　何有蔽天塵

31. 董香光草書

等閑落筆盡清新　雨後春山出谷鶯

寶鏡無塵光奪目　春花出色暗中明

32. 故舊歡

錯過巴山來舊雨　望穿秋水盼春風
小樓同盡一樽酒　漫道當年患難中

33. 己卯新春贈　學明將軍

歲月催人老　老將意難更　方卸黃金甲　便持上帝旌
義兵所至處　萬戶頌昇平

34. 己卯春日賀　齊中遷要職

飛將山河戀　風雨幾程燕　印久龍文更　勳殊虎纛變
天心議不爭　春至花先蒨

35. 己卯春分贈　延春老師

半世執金戈　歸田耕鐵硯　近家復孝經　厮守披黃卷
何必覓封侯　靈山花似霰

36. 戊寅歲暮社區栽梅

(1)
鰥生平世愛寒梅
花開花謝總低徊
遺憾買山無此物
不期送歲見新栽

(2)
異卉十株初破土
好花三日發新肧
渾疑學士西湖棹
訪得金吾玉照梅

37. 梅花初放

(1)
遠自君山欵欵來
七年始復見風裁
花城獨欠孤芳勝
今歲寒梅處處開

(2)
清艷未因霜雪減
堅貞不許歲寒摧
多情猶念相思苦
淡掃蛾眉夢裡回

金吾園裡珍（3）

玉照堂中玦　一夜枝頭煥　滿庭如對月

38.題　雷夫人畫蘆雁

青雲衢上客　何事厭高飛　瓢飲甘寒水　葦居樂斷磯
清心江上雪　風雨一簑衣

39.古農莊懷古

牛足加芒履　古道一何臧　此風今不再　陳跡古農莊
啟俗意良善　諷今義更長　嗟夫食肉鄙　誰復念風霜

40.賀　胡行健先生九秩大壽

古月精神行健身　應是神仙籙上人
塵寰今頌九嶷壽　紫府當歌無盡春

41.賀　俊卿、瑞芬婚禮嵌名詩

俊逸翩翩如意郎　卿雲靄靄覆洞房
瑞星早占遲歸吉　芳茀宜徵百世昌

42. 無字碑

問天何故碑無文　高空斥我怠思議
世事原來半假真　何須處處見文字

43. 己卯之春省議會改制贈　啟昌

宮闕雲霄外　煙霞胸臆中　鍾期存海內　西子共湖東
且聽歌滄浪　無聞唱大風

44. 夜讀

知味嗟無市　惜花已入秋　書城方獨擁　燭夜挽難留
如汲長江水　楚尾過吳頭

45. 夜過公園

鞦韆寂寞路燈憐　一樹梅花不肯眠
捏雪愁然垂白首　似憂夜短不憂年

46. 書草即興

新詩成就草書錄　劍氣縱橫驅鬼卒
彷佛啣枚疾走中　輕騎奔向函關峪

47. 瘦梅

底事含苞終不放　原來消瘦為遲寒
遊人不識冰霜志　總作尋常病木看

48. 書贈　王召集人

寧捐五鼎食　高隱一壺醺
輸墨如天馬　空香萬里聞

49. 古男兒

大將威風八面生　少年金印紫騮行
等閑百戰皆無敵　餘事阿衡天下平
七尺男兒當若是　窮能委曲達縱橫

50. **書贈亡友顧將軍遺孀 光信夫人**

冷艷泮宮花 書香門第葩 芬芳飄閥閱 清範上煙霞
英雄為傾倒 遂相功勳家 晚節東籬菊 踵增百世華

51. **愛陶**

無糧不折腰 有酒且持螯 籬下漫蒔菊 詩中獨愛陶

52. **無題**

牡丹方吐艷 綠玉便無華 花葉繁蜜處 無人見枝椏
誰知更有物 九地長為家

53. **團秋女侄攜子佩恩自香港歸來**

天上團圓月 人世清秋夜 滿庭桂子香 飄自廣寒榭

54. **歲暮答 鄭甥遠旫**

青主又教春旭早 挑山來壽寒冬草
此情勝似大還丹 令草長青松不老

55.書贈 陳永魁先生

金榜題名樂 其樂有時索 何如天上爵 日星長磊落

56.早春招飲

立春三日早 豐厨五味香 有客皆攜酒 相將入醉鄉
此鄉皇帝遠 横議料無妨

57.答 鴻彰年長見示大作

一張行樂圖 寫在妙詩中 詩句無雕琢 自然見畫工
從容揮洒處 處處武侯風

58.養生偈

夕陽去復來 明月秋更好 山雨最清心 野松因不老

59.己卯端午贈 天祥侄

天眷寒儒三代興 祥雲長護仲山陵
甘霖萬里晴空艷 冬作春風夏作冰
百忍難能艱鉅業 千迍終至最高層

60.兩岸風雲諍言

天下由來一室春　大道不由齒敵唇
宜思化及四夷順　自有來歸率土賓
治欲防微三復史　亂須杜漸一夫薪
莫賢致意長沙論　正本師承在固民

十二、庚辰系列

1. 未寄

(1)

北塘昨夜鋪綾羅
何若南山一片林
應知丕極泰相隨

平旦飄零張破繖
彌經風雨彌脩罕
剩復機鋒存果斷

(2)

苦海爭持卑鷸蚌
不憂史筆不憂彈
負手同觀赤壁焚

何如攜手回頭岸
無負生平無負漢
遊心共賞奸臣竄

2. 無題

素王世久六經絕
又見刀兵紛四起

炎漢多傳失亢宗
不知誰振景陽鐘

3. 石晉

青史何卑石敬塘
兒童恥扮兒皇帝
江山容易蓋棺難
父老羞談北面王

4. 憂寒

老來歲月半艱難
長夏清風良夜曉
春日靈蛇走玉盤
秋蟲聲裡又愁寒

5. 庚辰端午

角黍年年香萬戶
楚臣故事如江水
春秋久世漸無華
代有子蘭禍國家

6. 題廬山畫

名山面目幾人識
覆雨翻雲可亂真
可憐百姓昧縱橫
為嶺為峰高莫測
見林見樹無南北
都道此山天著墨

7. 己卯病中答友

難能風誼摯忘年　安危益見自然天
存問己如炎夏雨　嘉珍更比瑤池鮮
冰心恰似長空月　夜靜獨憐老驥騫

8. 己卯病中答　裕良伉儷

遠惠羹湯烹以魚　百忙猶念劫中餘
羹湯有盡意無盡　點滴心頭罄竹書

9. 蓬門

蓬門一善近青山　朝陽旦旦夕陽丹
樵子不歌柴作炭　山人得藥海無瀾

10. 竹柏

驟雨狂風生頃刻　群芳萬木靡當前
此君屹立如山岳　見者為之心肅然

11. 哀蟑螂

祖蟲狼狽令人悲　善走能飛偏病廢
失足一朝難挺身　倒懸三日無延睞
哀哀呼救失聲音　有壽比龜時不再

12. 張學良將軍得壽百齡

一人失足天人哭　朝夕噬臍萬古遲
所幸回頭知彼岸　奈何危祚正如絲
將軍得壽如星月　大好河山喚不歸

13. 咳疾漸痊書答仁愛名醫陳嘉瑋大夫

先生形貌誠非偉　卻懷異術佛心腸
慢工細火攻頑疾　二豎倉皇無處藏

14. 禪話

神仙事業誰成敗　高僧寂寞瘋僧鬥
功德若林斯有林　菩提非樹身無壞

15. 己卯秋日病中贈瑀凡

未芸蹊土小樓東　卻然李白桃花紅
游心若返晉人世　得意渾忘藥石中

16. 庚辰夏日答　友吉贈荔枝

交情七見荔枝妍　轉頭八度月團圓
客中故舊悲零落　世外新知近十年
山野清風無遠阻　星辰容易到床前

17. 己卯初夏病愈答「仁愛」名醫　李超主任

一髮千鈞三日間　初日霍然二日康
原來大受兼形外　霽月光風無上方
安得良醫皆及國　好從竿影見平章

18. 己卯秋日答「仁愛」名醫　簡邑軒大夫

妙手誠如春夜風　綠遍江南日正東
功成來去無言語　為德不矜默默中

19. 己卯中秋月下

山居八度中秋月　依舊遙遙照五更
望裏音書黃鶴杳　天涯歸夢曉雞驚
勞人萬古同今夜　誰解浮雲重與輕

20. 巨變

無奈桑田成碧海　漫牽老犢返山鄉
園蔬待熟新醅釀　把卷西樓月滿塘

21. 水鳥

水天星斗橫　永歲共生平　坐擁湖山勝　長持江海盈
悠游到口食　得意雙飛鳴　高處傲仙隱　深淵無獺驚

22. 「九二一」災後答友

不能誅亂賊　無力挽危亡　那堪逢浩劫　苟免費丁糧
徒質蒼天怒　徒傷百姓殃　見存來遠道　裁覆愧昂藏

23. 聲討

既與為狼狽　復思效惡鳩　渾忘嚴父訓　不計叛臣羞
忍見山河覆　徒因鷸蚌憂　將持何面目　泉下對公劉

24. 庚辰中秋

多愁應數相思雨　行行句句寫愁秋
為君詩句愁無盡　月到中秋總帶愁

25. 賀　鄭甥治平八秩華誕

昔日飛章賀古稀　逆知今是須菩提
今宵眉壽杖朝廣　果見佛光照美曦
央月遠將百歲頌　願君長享千秋熙

26. 庚辰中秋　團秋來省詩以贈之

君來總是團圓秋　草倍芬芳花不憂
歲月平添天外趣　笑談盡奪老中愁

27. 蜀漢祚終

不計存亡計恩仇　大好江山捐一旦
諸葛終難救蜀亡　曹瞞強起收魚爛
列宗列祖暗垂涕　萬世萬民徒德漢

28. 盆景枯木回春

刼餘半體似骷髏　無地立椎近十秋
不見春風吹白骨　忽然綠葉映紅樓
原來抱朴無言語　卻道天機外九丘

29. 病愈書贈「中醫」王院長廷輔先生

妙術能回春自在　仁風獨任夏清涼
四時從此無憂患　但立生祠頌藥王
願見有為皆若是　祖龍不必盡芬芳

30. 書賀　吳琇卿老師題名中醫博士班

寒梅勁節傲霜風　雲路崎嶇駿足中
闈下復傳高第訊　載欣老眼未昏蒙
願君更奮冥冥志　遠紹岐黃赫赫功

31. 書贈　林高瓊老師

教兒成器千秋業　為母可旌萬丈峰
絳帳春風興化雨　高功百世勝疆封

32. 書贈　啟昌

鍾鼎雲霄外　山林胸臆中　知音存海內　紅粉共湖東
無意競塵世　任誰唱大風　會當來煮酒　不為論英雄

33. 答建宏書局　總編輯左秀靈先生

空谷本尋常　足音獨可喜　君言如日星　深及水中砥
寒砥念溫馨　懷思不敢已

34. 荀子新探出版洽中寄三民書局　劉董事長(未寄)

嫁女無賢否　一心望顯揚　朱門良有意　寒戶轉旁皇
唯恐一時契　難諧百歲長　魚書鳴感激　寄語漫思量

35. 書贈三民書局　黃國鐘先生

騤騤古良佐　斑斑出剪裁　大匠所輪斲　山林無棄材

36. 暮年

故舊少年皆得意　老夫出世亦游心
斜陽賞罷遲東旭　漫步秋林月滿襟
冬拾樵枝歸向火　爐邊煮酒漫煎䰼

37. 流光

歡樂少年中　詩歌遲暮工　春風吹綠鬢　夜雨譜秋桐
離合自來去　歲時自始終

38. 書贈 陳文彥先生

文章兩漢稱無匹　彥士六朝最有心
萍水相逢欣節遇　高山一曲便知音

39. 匠泥

樓敝多雨患　四壁每淋漓　一日來泥匠　已之若上醫
自稱無妙術　謀治不謀資　故爾如針砭　刀圭不再施

40. 稿酧

慚愧詩名無籍籍　一稿居然值萬金
平生不敢趨名利　此刻依然為動心
自笑十年徒面壁　小臨得失便忘箴

41. 庚辰歲暮 賀簡麗雲小姐伉儷新居落成

婦職賢兼天使者　君心遠跡鮑參軍
城南此日新華廈　百里芬芳十室薰

42. 渾沌

清靜經天真面目　六合八荒皆悅服
二帝多餘為報酹　遂教萬劫莫能復
中央自此無明王　天下紛紛江海覆

43. 庚辰之冬詩勉君柔誠之二孫

溫良炎夏雨　意氣三秋虹　允作民司命　同興造化功

44. 讀史詠　先賢沈周先生

夫子一何賢　蠻貊化徒裼　今人張絳帳　中夏從夷狄
相去一何遠　侈言功與勣

45. 病中懷　鄭甥三首

(1)
老去身多病　冬來日易西　凭欄斜照遠　入耳暮茄悽

(2)
忽聽午時雞　為我報天倪　般般棠棣愛　又到武陵溪

(3)
回首少年時　相嬉塑雪泥　如今皆白髮　言笑復乖違

46. 觀趣

歸燕方頡頏　征帆獨往來　雙飛誠美矣　一棹亦悠哉
眾異皆成趣　好花不竝開

47. 夢幻生涯

山居忘昔復忘今　雞聲在耳又天明
夢中不見風雲惡　還道人間已太平

48. 贈　杜護理長

南丁之愛無遺　牡丹綠葉挾持
天使福音病榻　白衣淨水楊枝

49. 贈　吳教授錦生博士

吾宗百世餘休　康莊復見驊騮
名教良師益友　高風十室九州

50.千禧元旦顧復二首

少年曾慕萬人敵　耄耋及觀千歲闌
水火刀兵都浩劫　獨餘軀殼未還天

其二

迍邅貧病瘦詩篇　險隘情關居士禪
清心了悟無師道　一志排泥出水蓮

51.疾愈詩答「中醫」主治醫師　夏德椿大夫

仁醫仁術勝慈航　風帆一夜到西方
妙手回春如指顧　揚枝拂體忽清涼
茫茫苦海猶興問　醫國諸公誰最良

52.大腸檢查兼愈痔瘡詩答「中國」腸胃科主任黃克章同學

良醫畢竟不尋常　法眼洞觀腑臟鄉
隨手操刀為一割　平川走馬勝康莊
當年洗硯同林下　誰料平陵虎豹藏

乙・聯語之部

一、春聯

1. 千禧年專用春聯

飛龍泰歲來千禧
瑞雪飄香賀萬家

2. 家庭通用春聯

(1)
御苑花明人得意
藍田日暖玉生香

(2)
歲卜年豐人壽
春來花好月圓

(3)
遍地春雷　三陽開泰
一聲爆竹　萬戶平安

(4)
人醉年年　屠蘇三白
花明歲歲　楊柳一新

(5)
長進須同新歲月
榮華莫棄舊衣衫

(6)
待人欲似三冬日
得意當為一歲春

(7)
博通乎有教無類
忠恕也端人以身

(8)
浣溪水美因西子
梅苑花香自采蘋

(9)
新歲當重披鐵甲
義兵必直搗黃龍

(10)
纔停澤沷風簷動
又見呢喃燕子歸

二、慶賀聯

1. 賀 蔡議長鴻文先生伉儷金婚聯

鴻鵠之興 卿雲嘉澍

文魚所至 海屋添籌

2. 賀 戴麗華議員陳雅鴻博士嘉禮聯

隋室聯珠和氏璧

講筵博士議壇花

3. 賀 繼大林區許處長經邦五十華誕聯（代撰）

上仁當益壽

大志許經邦

4. 賀 琬婷姪女孫婚禮聯

鴛鴦福祿春江永

琬琰光輝良夜明

5. 賀 施局長石青榮退聯(代撰)

勸農推碩劃　足食念豐功

6. 賀 鄭逢時議員嘉禮聯

竝蒂蓮花芬芳郁郁
雙飛靈鳳情愛綿綿

7. 賀 新居二聯

其一

綠水凌波喧名過
遠山攬勝簇雲來

其二

策府鈞深　旨在峰極
樓台矚遠　意先雨繆

8.賀 古親翁中天先生八十大壽聯

黃菊花開金鳳至
青松幹老鐵龍騰

9.賀 婚禮聯

(1)

百年好合徵花燭
五世繁昌兆唱隨

(2)

福祿鴛鴦春江初綠
光輝琬琰花燭長明

10.賀 陳志明先生抱孫之喜聯

興邦兆見祥麟降
盛世端由琬德熙

三、哀輓聯

1. 輓 黃議長蘭公聯

淚眼望騎鯨 意氣才華 猶新記憶
傷心懷附驥 風流志業 無盡瞻依

2. 議會同仁輓 辭公副總統聯

柱傾星沈 億萬眾同聲一哭
功高德備 五千年可數幾人

3. 輓 某繼母聯

果證西天 其因唯善
功齊良母 有子而賢

4. 輓國大秘書長 郭公鏡秋先生聯

每挹春風 如沾化雨
欲操流水 莫仰高山

5. 輓 賴議員封翁 永秀老先生聯

平生心唯桑梓 公業民生皆盛事
有子志紹箕裘 議壇商務俱蜚聲

6. 輓「中醫」創辦人前立委 醒群先生聯

(1)
嚴春秋精神 正言立法
光醫藥文化 繼往開來

(2)
長才悲莫竟 九泉應憾人虎
偉業信開來 百世必傳醫宗

7. 輓廿八軍同寅 王將軍廣順聯

解甲早歸田 猶待綸音草露布
中興終在望 竟先捷報哭英雄

8. 輓 陳總經理廉泉封翁 蒼經先生

化雨歸中天 自多桃李懷潤澤
高風存古道 宜有桂蘭繼芬芳

9. 輓 陳霖蒼先生(代撰)

議壇懷舊雨 夙佩諍言撥亂世
文苑著春風 竟悲善問失鳴鐘

10. 輓 前秘書長 翔冰先生聯

義有是非 仁無恩怨 至矣監臨之道
業慚駑鈍 德愧步趨 痛哉執紼其情

11. 輓 汪母何太夫人聯

相夫能武 教子入文 生有賢聲聞遠道
睦族以謙 敦親唯敬 化留德範式鄉閭

12. **輓子政先生**

讜論猶新　智珠名世
哲人雖遠　慧劍鑠今

13. **輓軼公夫子聯**

空谷百里　德業俱豐　公固未辜蘊櫝
掄才多士　瑰琦曲盡　我獨有負垂青

14. **輓仲兄崇雄聯**

攝百里　督九方　終以孤臣老死
慟有聲　哭垂淚　何堪遠雁失行

15. **輓賢緊鄉長聯**

久同羈旅　偏疎鄉誼
來弔大歸　徒悵今朝

16. 孫夫人輓夫聯（代撰）

三千里姻緣　誼兼寅學　偏難相莊鴻案
五十年廝守　形共起居　何忍分袂桑榆

17. 輓　許府陳夫人聯

德著於才　鄉黨交稱明倫典範
憂多乎樂　親疏同悼盡瘁音容

18. 輓　曲英偉先生聯

有子如麟　有女如鳳　修短一可無憾
同功未成　同仇未殲　死生均難釋懷

19. 輓前三戰區副司令長官　上官紀公聯

霽月光風　典型萬古
元戎飛將　勳望千秋

20. **輓　譚將軍詠公聯**

十萬異軍　獨存巨眼

八千里路　終負丹心

21. **輓　黃副議長封翁聯**

接物如春風　周人若時雨　盛德端宜鄣萬里

經商為鉅子　代議亦先驅　嘉謨一可式千秋

22. **輓　王議員安順封翁聯**

子孝孫賢　四代同光郡國

德臻壽備　雙修可傲幽明

23. **代撰海外輓父聯**

四十年不恃晨昏　方恨生離何契闊

三千里遙傳噩耗　那堪死別更蒼茫

24. 代撰輓兄聯

羈旅四十年　手足深情　猶存記憶
間關三千里　雁群切痛　唯託悲歌

25. 代撰輓父等三聯

(1)
矢勤創業　矢忠無失　宜有後昆哀靈右
相敬如賓　相愛不逾　那堪白首哭闈前
(未亡人用)

(2)
浩浩親恩　歷歷銘心　唯望晨昏長定省
諄諄庭訓　聲聲在耳　何堪頃刻杳音容
(孝男用)

(3)
方幸視我猶兒　一夢竟悲秋水寂
未能報公若父　終生徒痛泰山頹

26.**代撰輓妻聯**

四十年井臼躬操　相我厚我　至殄瘁心力　猶載餘憂歸去
一瞬息幽明永隔　思卿哭卿　念辜負生平　更將老淚縱橫

27.**代撰輓母聯**

莫報三春暉　唯體母心溫清老父
難忘一夕話　當循娘心教養孫兒

28.**代撰輓母聯(長女用)**

泣血感劬勞　何堪此日悲風木
椎心懷母愛　能不終生誦蓼莪

29.**代撰輓母聯(次女及婿用)**

珍兒如拱璧　視兒若明珠　奈何棄兒去　令兒傷無母
選我於東床　愛我比璵璠　以此倍我哀　使我哭斷腸

30. 代撰 黃江漢老先生靈堂用聯

(1)孝男用

愛何深 教何嚴 諄諄庭訓猶在耳
恩未報 孝未盡 綿綿此恨永終身

(2)孝女用

哀我弱質 失怙何殊天柱折
痛乎嚴親 拈香唯禱帝鄉昇

(3)治喪委員會用

入世勇行仁 薄海同欽才美
終身耽執善 四方共浥德馨

(4)省政府用

當仁不讓 喉舌萬家 喬梓俱稱健者
為善必終 身心一德 鄉邦永式前賢

(5)省議會用

疎財倡公益　閭閻咸謳厚德
仗義論輿情　議壇共仰高風

(6)省議會民政委員會用

工商俱秀　生平都為社稷計
言行唯仁　身後宜有子孫賢

(7)其他

菊徑淒涼　喬蔭莫仰
雲山縹渺　鶴駕難迴

31. **代撰童主任輓母聯**

生我盡劬勞　鴉哺唯祈永歲月
殞身終莫贖　萱堂何處問晨昏

32. **議會同仁輓　童母張太夫人聯**

慈蕙傳芳　遠近同欽碩德
桂蘭益茂　幽明宜著陰功

四·墓園用聯

1.
人文始乎孝第
天爵來自詩書

2.
有容天地廣
知足菜根香

3. 代撰墓園用聯

(1) 墓柱聯

詩書準四海
貨殖著千秋

其二

良謨新月夜
古道照凝暉

其三

風來聞嘯虎
雲動見騰龍

(2)后土祠聯

神奇興五嶽
妙化贊皇天

其二

仙靈平廣域
膏澤潤繁枝

五·題贈聯

1. 題觀音大士神龕聯

大悲無量佛
妙法長明燈

2. 題北斗國姓宮聯（代撰）

不可為而為　終為大明延正朔
莫之有能有　乃有國姓鑠千秋

其二

一柱果擎天　獨在南天延明祚
三傳雖失國　仍留心國繼漢家

3.題　濟陽柯蔡宗親會楹聯（代撰）

(1)
流衍萬支　源思濟水
枝繁千樹　本托陽城

(2)
濟通諸水　利涉大川徵百吉
陽在一城　禮藏五祀蘊千祥

4.贈　施氏宗親會楹聯（代撰）

合文開姓　流譽歸仁傳萬古
食邑承宗　揚風衍德耀千秋

5.贈　李福才先生嵌名聯

力行仁義斯多福
飽讀詩書自有才

6.題員林八卦亭聯(代撰)

八面聚風雲　正可同觀豹變
卦中呈亨利　還須共舞雞鳴

其二

萬古泉林　鳥如仙佛
一亭風月　心共雲霞

7.題五福廟聯(代撰)

五天歸統　德兆河圖開萬世
福澤永豐　化施霖雨沛蒼生

其二

五王帝業　闢地開天張大緒
福地神庥　安民淨境著豐功

8. 贈友聯

子產能詩 干戈玉帛
莊生巧譬 腐朽神奇

其二

懸崖勒馬 無負生平無負漢
當下明心 不憂史筆不憂彈

9. 題 覃夫人畫蘭聯

餐雲遂忘歲月
遯日獨擁清陰

10. 贈 大禾竹雕公司嵌名聯(代撰)

大匠神雕兼善誨
禾科妙用亦奇觀

11. 贈 某縣長聯（代撰）

百里獨無苛政
千山難得足音

12. 題 畫虎聯

嘯虎耽幽谷
天山駐夕陽

13. 題 岳王廟聯（代撰）

丹心長昭日月
華宇可壯山河

14. 贈 台中地院吳院長聯

折獄三思忠厚
戢刑一念天和

15. 贈 仲正海內外水龍頭公司嵌名聯（代撰）

仲業無多良田百世
正丘有止霖雨四方

16. 贈友書房聯

日暖花早放
月明鶴遲歸

其二

幽蘭依石放
澗水一山橫

其三

手無三尺劍
心有萬夫雄

其四

騁懷與可胸中竹

遊目東坡筆下詩

其五

馳騁千旅眾

叱吒萬夫雄

其六

好詩意不盡

旨酒客無多

其七

何必聖賢盛

且從飲者歌

其八

局殘半陬雪
風靜滿樓松

其九

臨風隄柳雲飄忽
映水殘橋影曲伸

其十

紅欄九曲鷩姑藐
皓月三潭印太真

17.題 梅城別墅聯

雙峰拱日千禽唱
一水穿林百卉香

18.應「一流」筆廠徵聯

一筆在手 千軍辟易
流星穿雲 萬牒交輝

19.題 真宮正帝廟嵌名聯(代撰)

真王赫赫 福善禍淫平萬世
宮室皇皇 昭方示正啟群黎

20.題 漢民祠聯(代撰)

漢室良臣 裔傳俠義
民間靈社 功啟廉平

21.題 別墅聯(代撰)

面鏡青山天不老
心通曲水地長亨

22. **自勉聯**

為人但得長昂首
入世何妨偶折腰

23. **自題聯**

胸中有劍能鋤惡
嶺上無人識愛梅

六·格言聯

1.
和平如千秋至寶
忠厚勝萬頃良田

2.
治國在化民成俗
齊家須克己恕人

3.
讀書須知勵志
教子首在居心

4.
處世宜先養容人雅量
律身應長持克念恒心

5\.
手足之情在助
夫妻之愛以心

6\.
從政必存邦國
讀書志切聖賢

7\.
日月經天非以察
江河行地在無聲

8\.
厚澤長思洲宇足
大河遠契海天寬

9. 題岳王廟聯

天日不常昭大地
江山依舊篆丹心

10.

日暖三冬襖
日明萬戶燈

11.

從容收百益
脩己致千祥

12.

觀日雲山外
忘機水月中

13\.
聖人不必萬家佛
廉吏方為天下春

14\.
金丹九轉易
爐火純青難

15\.
善能積小方成大
語不違心便是誠

七·摯友託撰系列

1.
意氣如虹詩入畫
魚龍得水歲逢春

2.
英雄意氣兼翰苑
紅袖芬芳滿墨池

3.
胸中點畫存秦漢
筆下龍蛇出晉唐

4.
醉人最是圖書美
化物無非翰墨香

5.
墨中飛鳳朝天闕
筆下靈蛇走玉盤

6.
泮宮教澤魚龍盛
淑世書香門第新

7.
簇簇上林觀起鳳
溶溶春水現騰蛟

8.
仕宦無奇忠一字
持家有寶儉三分

9. 長進須同新歲月
榮華莫棄舊衣衫

10. 利市盈門因異卉
庭花撲鼻有奇香

11. 家和端賴綱維正
花好還須日月光

12. 世盛家齊宜敬業
樹高葉茂好遮陰

13. 笙管調和琴瑟好
玫瑰美麗火珠明

14. 達士恒因薪火盛
田郎最識草根香

15. 達巷無求豐教澤
田園有致富詩章

16. 森羅丘索探驪下
泉湧珠璣倚馬間

17\. 志業競競光翰苑
韶華灼灼照瓊林

18\. 志趣競輝文曲燦
韶光遍染士林春

19\. 博通乎有教無類
忠恕也端人以身

20\. 芷若芬芳幽谷下
寒梅宛約百花前

21\.

浣溪水美因西子

海苑花香自采蘋

22\.

若英為佩知清潔

梅韻生香見淑貞

23\.

芷蕊寒霜競潔白

梅花冰雪最聰明

24\.

崇山自有岡陵勝

勝景寧無彩筆葩

25\. 聖人衷於道
君子蹈其常

26\. 化雨豪天下
春風拂萬家

27\. 黃花香晚節
壽柏翠京華

28\. 彩筆飛靈秀
翰墨透芬芳

丙·附錄之部

一、為建議強化合作制度制衡物價上　蔣院長書

院長鈞鑒

鈞座任賢惕勵，宵衣旰食，忠愛之忱，起衰之政，實為全民所共戴，薄海所同欽！唯半年以來，物價上揚，頗危民生，政府措施，雖得正鵠，而上揚之勢，仍未稍戢，竊為　鈞座憂之！

竊以為，今日之物價問題，源於經濟因素者少，源於人為因素者多。而所謂人為因素，乃為商人之重利心理與中共之統戰陰謀相結合。蓋經濟因素之貨幣及原料物資問題，政府已採多種措施，商人亦自承生產並無障礙，其所以上揚無已者，實緣暴利之誘惑，姦人之操縱，於是屯積、觀望互為因果，有批發商之屯積，必有廠價之黑市，有黑市之廠價，必有廠商之觀望居奇，甚至近日所發表支持國策，暫停外銷，充分供應之聯合聲明，亦為陽奉陰違之具文，凡此現象雖黨國培植之廠商鉅子，亦未例外。趨勢如此，縱有無量之原料物資，亦無以饜人慾之壑。故平抑之道，實在於「「批發」管道之疏通，政府倘能就各種消費合作社聯合社中之作風優良者，賦予調節供需之

任務，使與批發商作合理之競爭，以收制衡之效，必可消除居奇觀望之因素。其方法為：

一、由中央補助資金，並輔導廠商普遍與聯合社訂立長期交易契約，在契約有效期中，非因經濟因素，並經政府主管機關之中證，不得漲價或作變相漲價之變質。

二、先付全量五分之一貨款，此後每供貨五分之一，付款一次。廠商以優於現金交易之條件，既可照常營利復可購儲原料，而無成本貶值之風險，必樂於合作。

三、消費合作社聯合社應以批發價售與社員社，並以慣例之佣金收入，按比例分配為各社員社之管理費，使社員社無須加價，而以批發價售與社員自然人。必要時，並准其設立門市部以同等價格代辦平價供應業務。使軍公教人員及在地消費合作社員或一般民眾依合作組織之功能，獲得低廉之消費，安定其生活。並依其低廉供應與一般批發商作合理之競爭，以為居奇觀望之制衡，以求可望之平抑。

四、以定期之補助與嚴格之監督，使健全各該合作社團之組織，使於發揮合作功能之餘，並能排拒中共「統戰」之滲透。

並具經濟作戰之能力。

以上所陳，卑無高論，然凡所構想，實為本聯合社經營期中一得之愚，良以　鈞座關懷公教福利，舉凡調整待遇，貸建房屋等措施均為全體公教所感篆，尤以海關物資改由聯合社分配後，本聯社即以二日半之速度，公平公開之作風完成首批物資之落實，全國袍澤尤感厚施於無涯；但物價未平，公教所得無形遞降，而　鈞座之德政亦為物價所沖淡，故自去年十一月創社以來，雖迄今未獲政府補助，仍以象徵式之股金及信用透支作慘淡之經營，並本「廠價配銷，佣金分享」原則配銷貨品，以求供應之低廉，惜以資金限制及廠商觀望，雖在作風號召上頗獲良好之反應，然於生活必需品之供應，究未能彰著其效果，倘蒙政府一如上述之支持，則職能之發揮，自能一如上述所預期，用敢冒昧獻曝，伏維

垂察。謹叩

鈞安

台灣省議會專門委員兼

台灣省機關員工消費合作社理事主席　吳復生　謹上

六十二年十月九日

二、為競選監委上 蔣總統書

經公總統鈞鑒：謹啟者
鈞座以大仁睿智，得眾得位，信當張我法統，宏我主義，撻伐
叛逆，還我河山以成百世之功。然黎明前夕，黑暗倍蓰，其有
待
鈞座與忠義之士共天下者亦倍蓰於往昔。茲者增額立監委提名
在即，今後於國會之牴排異端，支持新政，與夫官邪之彈擊，
違失之矯正，尤有待監委新人之精忠敢言而能言者步武前賢為
糾彈諍諫之獻替。 復生不敏，曾蒙
識拔於青年軍(與何德用上校同案)；退役後以高考及格任台灣
省議會專員，簡任專門委員至今，並歷任縣書記、直屬區委兼
書記、省代表等黨職及全國青年反共聯合會代表、後備軍人輔
導組長、機關消費合作聯合社理事主席、大學教授等職。三十
年來，頗能攘利集義，忠於崗位，故亦頗膺獎勵，優列考成，
並頗見重於議員之間。其中省議會之一再專案特保，尤嘉其廉
介盡職，省黨部之頒發榮譽狀，更許為「奉行主義，服從組織，

履行義務，嚴守紀律，始終不渝之楷模」。近年來，雖三易長官皆後起之秀或低階袍澤，復生仍本「不做大官」之旨，奉職益謹，讀書如故，未嘗敢以舊屬之地妄事傾訴干求於鈞座；蓋深體國步艱難，亦欲盡其在我者也。茲以監委一職，頗足以伸及時報效之志，爰敢上瀆雲漢為可否之請，倘蒙俯准提名，使竭駑純以為黨國、領袖之諍臣，為主義、政綱之護衛，庶幾無負黃花碧血之洗禮，則成全之德，感且不朽矣！

謹叩

鈞安

青年軍三十一軍舊屬

台灣省議會專門委員 吳復生 謹上

三、為仲兄崇雄申雪冤獄上 梁主委永公書

永公主任委鈞鑒：

代表大會期中，獲聆
訓誨，彌深感奮；會後每企
勳猷，尤堅必勝必成之信念。謹啟者：家兄崇雄，於台南市府社會科長任內，因執行綜合小組有關社福基金預算之決議，以該項預算奉省令已與市總預算彙編一冊送審，無法撤回重編，乃簽奉市長核准，照市黨部意見提出修正表，送由周書記（洪主委外出）閱交黨團會議通過後印送議會。不料次日於革新小組會中，主委竟疾言厲色，橫加辱罵，家兄凜於不可辱之節，起作率直之檢討，因而開罪，隨即報調於前，逼其退休於後；其間更策動議員刪減社福預算並誣指所辦就業訓練與貧民訓練對象不合之「弊端」函市查究，並配合黨外議員迫使送警澈查，均因無據未果；最後竟以市黨部公文，羅織罪名，囑由警局移送地檢處，以利用職權圖利（訓練班上課時數不足及鐘點費標準過高）罪嫌起訴，初審法院未及洞察情實，亦依臆測認為有犯罪故意，予以判刑。於是家兄遂蒙不白之冤。

竊以家兄未冠獻身革命，從軍、從政、服膺黨務、文教，向以負責廉介自矢；其操持尤為師長朋儕所共知。涉訟期中，台南省女、遠東工專當局，均以深憫其冤，屢予慰留，其見信於社會者，蓋有足徵。茲者，竟以黨內領導幹部之意氣用事，橫遭構陷，訟累已不堪其苦，上訴倘不得直，則一生清譽盡付東流；列祖後昆悉蒙羞辱。而是非之不明，法律之不信，浸假所至，於黨譽、政信、世道人心之傷害，必有不忍言者。素仰鈞座公忠仁愛，於黨員之疾苦，尤切關垂，爰敢冒昧瀆陳並附呈上訴理由狀，伏乞

俯察冤抑，准予轉函台南高分院洪院長壽南同志，惠予依法平伸。倘蒙

援手，感且不朽！

四、台灣省議會霧峰梅亭序(代蔡議長執筆)

霧峰之南一公里，為本會自台北南遷之所。佔地約十二公頃，中為圓頂大廈，左連圖書大樓、議員會館；右為鴛鴦池塘、琉璃亭榭。花木皆精品，而羅列有致。復有小橋流水，碧草如茵，遊人如織，而魚鳥不驚。

大廈之東有丘陵，綿亘蜿蜒如游龍，黛綠蔥勝，入目怡然；山後旭日，舉頭繁星，小雨長虹，晚霞明月，嵐影如潑墨，松聲如波濤，其美尤不可勝收。春之日，東風拂面，日暖桑田，杜鵑處處，百卉爭奇。夏之日，荷花滿池，清風載馥，長椰拂地，楊柳婆娑。入秋漸蕭索，亦聞孤雁劃空。然猶見楓葉映紅，籬菊生香。獨冬序枝枯葉落，一片蕭然；有松竹之挺秀，無標梅之吐艷，是為勝境之美中不足者也。

爰於六十九年植樹節闢地於山麓，與全體議員同仁手植四季梅花各一株，都七十有七本，號曰梅園。蓋以梅為天下所重，性堅忍，韻勝而格高；發精神於風雨霜雪之中，堅勁節於寂寞嚴寒之際；煙塵不染，落瓣不菑，其神奇清香，為百花萬木所不及；其品藻尤為我炎黃貴胄卓越強矯之象徵，宜乎尊之為國花。故植之，以寓砥礪氣節，厚培國本之微意，亦所以識吾人致力中興，百忍圖成之用心。而三冬花放，尤所以全景觀之勝也。

是冬，花朵遍放。今春再發，秋去益盛開。花多瓣，呈淡紅色，繁密如杏，香則有過之；蓋吳下紅梅之別種也。自是，四時芳菲，各擅其勝，而沐暉環潔，對景以興之盛尤可卜也。乃更鳩工建梅亭，亭成勒石以紀之。

五、蔡議長鴻文先生伉儷金婚序

中華民六十九年十二月　日，欣逢台灣省議會議長蔡公鴻文與德配林夫人玉齡女士結婚五十周年吉日，其子孫族裔為復禮之慶，而親友袍澤則接踵盈庭為申燕賀，所以紀其功德福澤也。

蔡公美豐姿而具善知識，謙謙好禮而飲人以和。早歲成學於嘉義高農，以卓犖知名於郡。光復以來則漸集黨政企業社團要職於一身並獲韓國檀國大學榮譽法學博士學位；凡名所歸，皆以實至，其獻替榮顯於時，蓋可謂聞達矣。居室則畫眉之愛，老而彌篤，敬恭之守，久而益堅；其重倫常，高德行之風，尤足風世焉。

夫人裔出名門，謹言行以持其家，莊鴻案以敬夫子，為相於室，為師於庭，敦睦鄉黨，養惠族人，於是而有內外之繁昌，蘭桂之芬芳，靈芝之獻瑞，其所典型於巾幗者，蓋亦未遠於古人矣。

竊聞夫婦之際，人道之大倫，德治之端始，百福之階梯，而生化之根本也。是故務治平者必宣倫理，事齊家者必飭首綱；其欲趨福善，致緐延者，尤未嘗須斯或離於其守，此所以易基乾坤，詩始關雎者也。以徵蔡公伉儷之盛，信矣哉！爰為序其厓略，以彰其美修辭以頌之曰：

沙鹿之汀，靈秀之庭，
鐘毓所至，合德同馨，
利貞共守，恭敬為銘，
乃臻景福，斯立儀型，
曰濟鼎盛，宜永光明，
瑟琴長汁，鐘鼓長鳴，
嵩華其壽，松柏長菁。

六、中國往何處去(八十一學年示範作品—三百字短文)

「中國往何處去?」這是中廣徵文的題目，但我無意應徵，只想善盡言責。

今日的中國，是個典型的「四不像」，政治開放後的台灣「不稂不莠」，接近「九七」大限的香港，好景不常；經濟開放的中共「宮商不什」；所有的中國人仍然敬仰孫中山先生，但三個政權實體卻都放棄了「三民主義的世紀」。

這隻「四不像」，眼前正走到歷史的交會點，也面臨了歷史的三岔路：

第一條路是走向「大吃小」的另一個中東戰場。可能「吃掉」中國統一的機會，也可能是第三次世界大戰燎原之火。

第二條路是走向「小變大」的另一個東歐景象的幻想之鄉。「和平轉變」是美麗的藍圖，但卻是崎嶇，遙遠而關塞重重的山路。

第三條路是走向中山思想的新共和，但荊棘之深，顯然更需一支智慧恒毅之劍。

「大吃小」的矛盾，是不可統一的。不可免的骨肉相殘，必須付出中國人無力負擔的代價，去交換一胎中國統一的死產。「小變大」的設計是邏輯的，但東歐「土崩瓦解」的恐懼，卻是揮不去的影子，抓得愈緊，轉變愈艱難，和平反成了障礙；因為「確保政權」與「民主自由」之間的鴻溝，是無法超越的。最後一條，應是較可行而不得不行之路。土耳其的近代史，應是可以共持的鏡子，中山先生也如土耳其人心目中的凱末爾。但台灣與香港都必須有足夠的團結與人才，各立於不敗之地，使三方在無優勢、無野心之下，基於統一意義的真知，共同致力三民主義的時代化—民主自由而無過不及，經濟自由而無不均之患；回歸民族利益，國家利益，而不悖和平漸進的共和原則。本此精神，經由坦誠的制憲，攜手走向新三民主義的中國世紀。

也許，這是中國唯一的去處，更是中國人披荊斬棘之後心靈的坦途。

七、為紀念孔子誕辰代撰—孔子的「聖與仁」
（孔子第二五三〇週年誕辰紀念）

一

儘管孔子自謙說：「若聖與仁，則吾豈敢」，但事實上不僅如孟子所謂「夫子既聖矣」，而且被尊為「大成至聖先師」；不僅為中國之聖，而且被認同為東方之聖，世界之聖，聖之大成。蓋在孔子之前，我國即有堯、舜、禹、湯、文、武、周公之七聖，所謂「得時、得志、立功、立德之聖」。而宰我則謂孔子「賢於堯舜遠矣」；子貢，有若更以為「自有生民以來，未有盛於夫子者」。後此如唐皮日休之孔子廟碑曰：「我先師夫子聖人也。帝之聖者曰堯，王之聖者曰禹，師之聖者曰夫子。堯之德有時而息，禹之功有時而窮，夫子之道久而彌芳，遠而彌光」；元成宗追尊孔子為大成至聖文宣王曰：「先孔子而聖者，非孔子無以明，後孔子而聖者，非孔子無以法」，凡此皆可具見之。

孟子稱孔子之聖曰：「集大成」並以樂理中之「金聲玉振」

之說喻之曰：「金，聲也者，始條理也；玉，振之也者，終條理也。始條理者，知之事也，終條理也，聖之事也」。蓋孔子之自謂「吾十有五而志於學」者，即孟子所謂「始條理者知之事也」，後此之學而不厭，知也，誨人不倦，仁也，復加以勇，則三德立，五倫修；問禮於老聃，問樂於萇弘，學琴於師襄，精通六藝，雅言詩書，作春秋，述六經，小自修身、齊家，大至治國平天下，皆可「不勉而中，不思而得，從容中道」，以集其大成則聖之事也。

二

論語以「多能」為聖，中庸則謂「不勉而中，不思而得，從容中道，聖人也」。孔子之所以聖而盛，實不僅由於多能，由於從容中道，更由於仁道體系之放諸四海而皆準，百世以俟聖人而不惑；正確地以人性為中心，把政治思想樹基於道德力量，以仁為出發，亦以仁為指歸。

孔子以為「天地之性，人為貴」，除了上智下愚之外，其性皆相近，而「習」則足以「相遠」之。人雖與禽獸同具食色的本能，也有異於禽獸而具思、辨的理性。本能或欲性傾向於「惡」的衝突，而理性則偏向於「善」的調和。前者的發展，在物不能贍時必爭必亂；而後者的發展則為明禮守分，經由自我制約與社會互助得合理的滿足；並依和諧、合作的智慧力量，更求社會的福祉，生活境界的昇高。春秋之所以亂，就因為人慾橫流，人性沉淪，以致或因女色、財貨，或因權力的爭奪傾軋，而發生臣弒其君，子弒其父，禮樂、征伐不出於天子的「亂」。於是孔子乃揭櫫大同社會的目標，而以小康社會為過渡—據亂世撥亂反正於昇平世、太平世。於是更從社會的最小單位—人，著手設計。人不能離群索居，更不能以暴戾，攘奪否定群體的存在，自然要建立人與人之間的和諧關係—孔子稱之曰「仁」。有了「仁」，才有人，才能建立「君君臣臣，父父子子……」的倫理秩序，追求「老者安之，朋友信之，少者懷之」，「民胞物與」的大同秩序。故曰：「仁者，人也；親親為大」。

三

關於「仁」，見於論語者凡五十八章，大學七及於仁，中庸六及之。其中屬於「仁」的界說者約如次：

「仁者人也」。(中庸)

「唯仁人能愛人,能惡人……」(大學)

「仁者,其言也訒」。(論語顏淵)

「夫仁者,己欲立而立人,己欲達而達人;能近取譬,可謂仁之方也已。」(論語雍也)

「克己復禮為仁……非禮勿視,非禮勿聽,非禮勿言,非禮勿動。」(論語顏淵)

「仲弓問仁。子曰:出門如見大賓,使民如承大祭。己所不欲,勿施於人,在邦無怨,在家無怨。」(顏淵)

「樊遲問仁。子曰:愛人。」(顏淵)

「樊遲問仁。子曰:居處恭、執事敬、與人忠。」(子路)

「樊遲問仁。子曰:仁者先難而後獲,可謂仁矣。」(雍也)

「子張問仁。孔子曰:能行五者於天下為仁矣……曰恭、寬、信、敏、惠。」(陽貨)

據上釋名,可知:⑴「仁」為「人」的內涵,必能知仁行仁於人我之間,才是異於禽獸的人。⑵「仁」的本旨是「愛人」,

必能推愛己、愛親、愛子之心以愛人；必能「盡其在我」以愛人，並能勿施「不欲」於人才是「仁」。蓋立者、達者，人之所共欲，己立已達者必思人同此心，而勿施於人，斯謂之「仁」。(3)其餘諸德皆為行仁、求仁之方。蓋「言訒」者，所以防言語之害仁，克己復禮諸德，所以防非之害仁，「恭敬」所以防倨傲、暴戾之害仁，而恭、寬、信、敏、惠則所以求仁，行仁而利事者也。

於是，孔子復區分人際關係為君臣、父子、夫婦、昆弟、朋友五倫，而立之以禮。事親之禮曰孝，事君之禮曰忠，事兄之禮曰恭，夫婦之禮曰分，朋友之禮曰信。而君之道在仁、在明，父之道在慈，兄之道在友，夫婦之道在相敬，朋友之道在輔仁。然後以忠恕之道貫之，以形成有秩序，有道揆，和諧而富有進步動力的社會

在另一方面，孔子更深知「為政在人」，故在人格教育上寄託「仁道」政治的理想，求「仁」的體現與貫徹。因此更透過思想的傳播，努力塑造「士」或「君子」，希望知識份子都在「文、行、忠、信」及大學的三綱八目之下，都成為典型的

士君子，使為社會中堅，國家組織的中堅，使仁道實現於中國、於世界。一方面，他以「文、行、忠、信」為施教綱目；在另一方面則以「勿必、勿意、勿固、勿我」為內在修養—理性修養的示範，分別以言教、身教使青年學子都從先王遺文中，求得「德行、言語、文章、政事」等修養，具備關於「仁」的許多德目，同時還要從「絕四」之中，培養高度的理性，使成左列典型的士君子：

1.關於士必須：(1)「切切偲偲，怡怡如也。」，(2)「質直而好義……在邦必達，在家必達。」，(3)「行己有恥，不辱君命」或「家族稱孝，鄉黨稱弟。」，(4)「見危致命，見得思義，祭思敬，喪思哀。」，(5)「無求生以害仁，有殺身以成仁。」以上均為論語所錄孔子對於「士」的要求；而泰伯篇更以為：「士不可以不弘毅，任重而道遠，仁以為己任……死而後己。」

2.關於君子必須：(1)「無終食之間違仁」，(2)在少、壯、老三期各有所戒—「戒鬥」、「戒色」、「戒得」。(3)「視思明、聽思聰、色思溫、貌思恭、言思忠、事思敬、疑思問、忿思難，見得思義。」(4)「博學於文，約之以禮。」(5)「篤於親……

故舊不遺。」(6)「求諸己。」(7)「泰而不驕」，「和而不同。」(8)「成人之美，不成人之惡」。(9)「學道而愛人」。(10)「敏於事而慎於言、就有道而正焉。」(11)「先行其言而後從之；恥其言而過其行。」(12)「於天下也，無適也，無莫也，義之與比。」(13)「欲訥於言而敏於行。」(14)「以文會友，以友輔仁。」(15)「思不出其位。」(16)「不以言舉人，不以人廢言。」(17)「貞而不諒。」以上均見於論語，而孔子更於憲問篇以為：「君子道者三，我無能焉—仁者不憂，知者不惑，勇者不懼」；而子貢以為「夫子自道。」蓋此三者為君子所難能，夫子欲以自責而勉人也。夫子更以為：「愛人」難，「惡人」更難，唯仁人君子能之，故曰「唯君子能愛人、能惡人。」凡此均為君子境界而強調。

以上所標榜的士君子，實可代表四種精神：一曰和諧精神，二曰進步精神，三曰實踐精神，四曰負責精神。具備這種精神的士君子，自然會鍥而不捨地貫徹他的仁道，也會永遠羽翼他的仁道；永遠影響著嚮往和平福祉的人類社會。

四

總之，孔子之所以聖，實由於集七聖之大成的仁道，與悲天憫人的懷抱。其道之皆準於四海，不惑於聖人，既為古今中外所認同，而他自己更是有理論、有方法，能啟發，更能實踐的完人。沒有他，七聖之道無以明於後世，沒有他，後之聖者更無所取法。他的道，有感情的一面，也有理性的一面，追求和諧，更追求「止於至善」的進步。有一貫的體系，更有他的方法論以及「見諸行事」的難能。士君子人格的塑造，使他的仁道進入「行」的境界，問政三月的政績，可以概括肯定他的政治理論；夾谷之會所小試的輔君以「君子之道」已能風靡於國際；而誅魯大夫少正卯之舉，更足以說明「能愛人，能惡人」—為「愛人」而「惡人」的徹底精神，不妥協精神。他所諄諄致意的「弘毅」精神，「仁以為己任」的精神，更為中國乃至東方知識份子懸鵠二千餘年，而且始終綱維著中國社會，隱然形成一股亂而復治，危而必安的定力，使我中華民族及傳統文化永垂無疆之休。如此其聖，如此其仁，寧有古人！寧有來者！欣逢孔子誕辰紀念，謹以此文紀念孔子；並願今日的知識分子，仍然都是「仁以為己任」而具備「三達德」的士君子，都能在和諧進步的基礎上，作思想狂瀾的中流砥柱，作貫徹孔子仁道的繼起者；使人類復由亂世而昇平世，而同登於世界大同的太平世！

八、世界施氏宗親會成立大會感言（代撰）

一、

今天，是施氏宗族宇宙性的日子。因為，從今天起，我們有一世界施姓宗親聚會一堂的團體，同時也是自周魯以來施氏子孫承先啟後，繼往開來，空前的宗族團體；前者具有屬於空間的全球性，後者具有屬於時間的歷史性。

二、

宗親會的意義有三：

其一為慎終追遠，祖先是人類的根本，沒有祖先就沒有人類。荀子說：「禮有三本，天地者，生之本也；先祖者，類之本也；君師者，治之本也。無天地，惡生？無先祖，惡出？無君師，惡治？」也就是說：沒有大自然，就不會有生物的存在；沒有祖先，就不會有族類的繁衍；沒有國家元首與師長，就不會有政治秩序。所以古代的「禮」，就根據「三本」的理論，上以敬天，下以敬地，尊崇祖先，而隆重元首與師表的地位。人類為尊崇祖先，所以建立「慎終追遠」的制度，以祭祀活動，表示對祖先的尊敬、懷念與報答。於是而有宗廟、家廟、宗祠之設，漸漸發展為後來的宗親社會，讓枝繁葉茂的子孫共同隆重地祭祀祖先，同是也是強調孝道－宗法社會教忠、教孝的教育。

其二為互相砥礪、扶持。人類的特徵為「善群」，在以互相勸勉，幫助達成共存共榮的目標。宗親會的組織，更為了追求宗族整體的發揚光大，而求之於會員個體的發展與成就。個人的發展，一方面取決於主觀條件的形成，另一方面決定於客觀的機會與扶持。因此，宗親會鑒於社團組織的目標，必然會發揮相互規勸砥礪的功能，務使勤奮求知，誠信從業，忠貞從政，以追求立德、立功、立言的成就，各盡揚名顯親之大孝，共求宗族的光榮。而且，對於宗親需要積極性的扶持之處，更應共念一祖同源之親，分別予以幫助提攜，使其才華抱負獲得展布的機緣，於是乃得循環支助，以求宗族整體的永恒昌盛，福祉無窮。

其三為增進民族團結。人類的生存福祉，有賴國家力量的維護。如果國家荏弱無力，敵國外患必隨時可以威脅民族的生存，或因國家主權被侵而使國民福祉失其保障。國家的力量，來自民族的團結。民族的團結則來自每一宗族的團結。所以國父的民族主義，特別強調我國所特有的宗族觀念，必賴宗族的團結與各宗族的連絡後的團結，才能洗刷「一盤散沙」之譏辱，中國被瓜分的危機才會消弭。宗親會的組織，正是配合家鄉觀念，由宗族團結走向民族團結的中間社會，只要人人都知道「慎終追遠」，都知道追溯祖先的本源，就會認知每一堂號的血緣關係，而親如家人，砥礪扶持唯恐不及，就無人能夠分化中華民族的團結，血濃於水的團結。我們的國家，更不難由團結而富強，而復興。

三、

根據施氏族譜序的記載：「魯惠公生子隱、威、恒。恒為門下丁公府椽，流譽四方，四國歸仁，遂以二字合成」文為施姓，食采於鮑，封為施國，號曰施父。其後裔孫孝叔生愷，愷生女名曜英，適鄉大夫叔梁紇，則孔子之母，施氏之女也。愷生直及端二子，才貌如一，時人莫辨，號曰「長施氏，少施氏。」由此可知，我們的祖先恒公，是歷史上最著名的賢宰相，也是易經三聖之一的周公之後。而以聲譽騰播四方贏得四國的「歸仁」，乃以施為姓並受封於施國。而孔子之為施女所出及長施氏，少施之賢，同樣是我們施氏宗族莫大的光榮。更因為有聖人的血統，有光榮的傳統，而有優秀的子孫，幾乎歷代都有突出的人物，如漢代之施延公、施讎公、隋代之世瑛公、唐之肩吾公、士白公、宋之施宿公、子仁公、師點公、明之邦曜公、清之尊侯(琅)公、潤章公、維翰公等，或以道德文章名世，或以勳業賢哲得名，或以直言諍諫，不避權貴著稱。其中潤章公之名言有云：「終日不見己過，便絕聖賢之路；終日喜言人過，便傷天地之和」，子孫倘能篤行此言，尤可終生受用。而維翰公之諍諍諤諤，竟使權奸為之懾伏，京師士大夫更錄其諫章，以相傳說，其高風亮節，尤足照耀千秋。

四、

面對這樣偉大的日子，躬與這樣深具意義的盛典，緬懷我施氏列祖列宗的光輝事蹟，感奮之餘，更感到自己的渺小。但願祖先鑒臨，宗親相勗，共勉德馨於來日，共為國家團結奮門，還我河山於來日，共求施氏宗族光大於來日，共造子孫萬世福祉於來日！

九、祭亡妻 李夫人文

親愛而彌篤彌堅的老伴！我的呼聲，妳能聽到嗎？你的大去，固然是可喜的解脫，是福報的善終；但對我卻是無情的殘酷！我的心碎了！我的淚枯了！妳知道嗎？妳我初次相見，是何等的一見鍾情，相見恨晚！那時向妳求婚的還有一個團長，而我只是小小的工兵連長，但妳卻不顧妳媽的強烈反對，勇敢地堅持到底，寧死非我不嫁，那是何等的真情！妳記得嗎？

婚後的十年左右，總是別多而聚少，而且戰時的郵匯常常不通，留在後方的妳也常有三餐不繼之時。即使相聚，我們也是身無長物，勉強糊口，還要冒著砲火之危，而妳總是甘之如飴──騎著小棗騮，背著我的圖囊、水壺，隨我行軍。夜宿破廟，稻草地鋪，吃糙米飯、大鍋菜，而妳也安之若素，還要照顧我的肺病。此情此景，如在眼前，妳記得嗎？

十年後，由於妳的深明大義，支持我的廉介，使我無後顧之憂而從事於軍事、於行政、於黨務、於主筆政、乃至領導全省消費合作社團爭取物資供應公教同仁，都差可無愧於天地神明。我們的子女孫男女也在妳的愛護教養之下，都能努力讀書，中規中矩，妳的貢獻，的確膾炙人口，妳知道嗎？

記得廿八年的一個寒夜，我倆並騎由防地到曲江城裡逛街，在寒風習習之中，攜手慢步，口袋裝滿甘薯乾，邊啃邊聊天。見到一對老夫妻在親蜜地相依相倚，慢慢散步。妳還說：「不知我們的晚年，會不會這樣白頭到老……」。

三十五年的秋夜，我倆在西湖泛舟後從蘇隄上岸散步在明月之下，妳還說：「這樣的時光，不知能過多久！將來如果能夠換個早出晚歸的工作，每天共同欣賞黃昏夕陽，該有多好！」現在這兩個心願都達到了。由軍中轉業到黨部、到省議會，總算獲得三十五年的安定生活，而妳卻為子女兩孫而操勞多病。我為了立誓為妳僱個佣人幫助家務，而去兼課，寫社論，但妳又捨不得僱人，都積蓄起來打會買房子。家中也漸漸寬裕。可是妳的健康卻又每下愈況了。不祥的三月，妳的逞強，加上我們的大意，竟然鑄成大錯—耽誤了妳的醫療，終於一病不起，這是多麼遺憾的事！

無能的我，一直辜負妳的期許，也始終沒有讓妳幸福，而且常有口角讓妳傷心。最後雖然總是「紅番」認錯，而妳的寬容如初，更使我感動；妳的鼓勵，更使我努力奮鬥。只要有小善，妳就讚美不停，於是當我高考及格之時、晉升簡任職務之時、兩度特優保舉之時、主持全省消費社團供應機關學校物資有聲有色之時、主筆政、伸正義、平冤獄，獲得好評之時，都沒有忘記給我一份鼓勵的真情。

近來更為我的詩詞書法邀請合壁展，為我的大部頭兩大著作的出版或殺青，而歡欣鼓舞，引以為榮。這一切對我都是莫大的激勵，也為我一掃自幼失學的自卑，而建立無比的信心，而且不知七老八十還要努力下去。妳的愛的影響，是何等的深遠！而我竟無絲毫的回報，妳會介意嗎？

妳還記得我的贈詩嗎？「蓑草斜陽下，相依意更親」！現在，妳竟棄我而去，黃昏夕陽，我將與誰相依！而今而後，我將向誰傾訴衷情！

魂兮！魂兮！何日歸來？何日歸來？我將儘速安排，早日歸去，我必上窮碧落下遍黃泉，尋尋覓覓，不見不回。此心此

情，魂其知乎？哀哉上
饗！

愚夫吳復生揮淚再拜八十六年三月十四日下午一時正

十、散文格言四則

㈠長壽之道唯勤，勤動則流水不腐，疾病不入；勤事則匱乏無虞，煩憂不至；勤學則天爵為樂，澹泊自甘，引年自在意中矣。

㈡治國之道在教淑女。家有淑女，則戶有相夫教子之賢婦，則鄉黨有中規中矩之佳士，邦國有志在聖賢之君子，此之謂無為而治之方也。

㈢勤之至，不難上青天。潔之至，可使心無垢。凡治生、保健、脩德、立身乃至為盡倫盡制之聖人，皆可於好整以暇中得之。

㈣

吳氏三言箴：孝雙親，愛手足，勤百益，儉百吉。廉養譽，潔健身，睦和眾，德有鄰。言貴誠，行貴貞，教淑女，培君子，家必齊，國必理。

若為政，務褒揚，嘉其美，勸自強。民日慤，俗日樸，禮樂興，良玉琢。均民生，無盜賊，尊賢能，無貪墨。嚴治軍，無外患，政修明，無內亂。

唯風教，如履冰，教不經，盜賊興，功九仞，一簣傾，願翼翼，治兢兢！（作於戊寅三月，以勉子孫）

丁・作者年表(農曆)

民國六年生於福建福清。原名紹樑，後改今名，字危安，號觀水、聽禪，晚號愛梅老人。齋名鋤惡草堂、半然齋。

年三歲，父病故於原籍。

年五歲，母病故於林森。

年二十一，帶職畢業於陸軍工兵學校。

年二十二，與湖南零陵李英小姐結婚於曲江愛群酒店。

年二十八，於第三戰區副司令長官辦公室少校參謀任內奉調東南青年軍服務。同年經東南分團訓考合格以原軍階任用(同案另二人皆降級)並於次年晉級中校。

年三十，奉調整編二十八師司令部中校科長。

年三十三，與仲兄崇雄共同創辦動員日報，任副社長兼主筆。

年三十六起，任職台灣臨時省議會。

年三十八，應考試院高檢考試及格。

同年，應全國性高等考試行政組以名列前矛及格。

年四十二，任台灣省議會專員。

年四十六起，兼任台灣日報主筆兼社論委員凡十六年。
同年起，升任台灣省議會簡任專門委員。
年五十，當選全國機關學校消費合作社聯合社常務理事旋兼台
灣省聯合社理事主席。並上書建議政府強化合作制
度，制衡物價。頗蒙 嘉納。
年五十五起，兼任中國醫藥學院教授凡二十一年。
同年，出版史記扁鵲倉公列傳講疏（台灣日報出版社）。
年六十，升任台灣省議會主任秘書並兼省政府綜合基金委員會
委員、省義警義消預算委員會委員凡六年。
同年，當選台灣省文藝作家協會理事。
同年，出版鋤惡草堂文集（學友出版社）。
年七十一，（一九七七年八月三日）為美共建交致函美國卡特總
統（稿由外交部譯發）。
年七十二，為台中縣書法協（學）會創會會員，並先後參加全國
名家書法展及縣市聯展。
年七十六，出版中國文學史綱（文史哲出版社）。
同年，受聘為力祥企業公司暨立祥藝術傳播公司顧問。

年八十，出版荀子思想新探（文史哲出版社）。
同年，省文藝作家協會授特別貢獻獎。
同年，應邀為台中縣文化中心薪火相傳第八屆接力展，作詩歌、書法合璧展並出版作品集。
年八十三，台中縣文藝作家協會授金鋒獎。
同年，應校友諸生之請，設帳於梅城寓所，定期講學。
年八十四，獲中華民國書學會評介作品於中央日報《台灣當代書家系列》專輯欄（八九年九月廿四日十九版）。
年八十五，出版詩歌聯語自選集（文史哲出版社）。